DAS BAYERISCHE JAHRTAUSEND

Würzburg im 12. Jahrhundert

Rainer Leng

DAS BAYERISCHE JAHRTAUSEND

Würzburg im 12. Jahrhundert

Volk Verlag München

Der Autor: Prof. Dr. Rainer Leng arbeitete in verschiedenen Forschungseinrichtungen und vertrat Lehrstühle für Mittelalterliche Geschichte in Würzburg und Stuttgart. Seit 2008 ist er außerplanmäßiger Professor für Mittelalterliche Geschichte an der Universität Würzburg.

Die Deutsche Bibliothek verzeichnet diese Publikation in der Deutschen Nationalbibliografie; detaillierte bibliografische Daten sind im Internet über http://dnb.ddb.de abrufbar.

Tel.: 0 89/420 79 69 80; Fax: 0 89/420 79 69 86

Druck: Kösel, Krugzell
Quelle der Übersichtskarte: 17 Nov 2011 123map, © OpenStreet Map Contributors Lizenz CC-BY-SA 2.0

ISBN 978-3-86222-065-6
www.volkverlag.de

INHALT

WÜRZBURG IM „BAYERISCHEN JAHRTAUSEND“?

Was hat Würzburg im 12. Jahrhundert mit einem Jahrtausend bayerischer Geschichte zu tun? Auf den ersten Blick nicht viel. Das fränkische Bistum unterhielt kaum Beziehungen zum Herzogtum Bayern. Natürlich trafen sich die Würzburger Bischöfe und die welfischen, ab 1180 die wittelsbachischen Herzöge auf den Hoftagen des Königs und wirkten an den Geschicken des Reichs mit. Doch meist ging man eigene Wege; es gab nicht einmal eine gemeinsame Grenze. Zum historischen Erbe des modernen Freistaates Bayern gehört Würzburg erst seit 1815. Was Fürstbistum und Stadt Würzburg aber beim Übergang an die bayerische Krone in das neue Staatsgebilde einbrachten, war ein eigenständiges Selbstbewusstsein, das auf über einem Jahrtausend Geschichte in der Mitte Europas beruhte.

Den Ursachen, Prozessen und Wirkungen dieser Kräfte gilt es hier nachzuspüren. Dabei fällt der Blick besonders auf das 12. Jahrhundert. Zum Teil wirkten die gleichen Kräfte auf die Region Würzburg, die auch die Geschichte des damaligen Herzogtums Bayern prägten. Aber es gibt auch eine eigenständige Entwicklung, die eine bis heute nachwirkende besondere Identität der Franken innerhalb Bayerns begründete: Die Nachwehen des Investiturstreits, der Ausbau Mainfrankens zur Königslandschaft, die beginnende Territorialisierung, der Aufschwung von Weinbau und Stadtentstehung und der Weg zu einem Fürstbistum mit einem Bischof an der Spitze, der zugleich Herzog war, haben die Region tief geprägt. Diese Prozesse verdichteten sich im Würzburg des 12. Jahrhunderts. Hier wurden die Weichen für die Tradition und das Selbstverständnis Mainfrankens gestellt, mit denen Franken heute zur Geschichte Bayerns einen maßgeblichen Teil beiträgt.

WÜRZBURG UND DAS 12. JAHRHUNDERT

Das 12. Jahrhundert gilt als Höhepunkt jener 1.000 Jahre, die das Mittelalter umfasst. Glanz und Ruhm des staufischen Königtums und der Aufstieg des Papsttums zu einer Macht von Weltgeltung bildeten den äußeren Rahmen. In nahezu allen Bereichen gab es markante Veränderungen. Neues in Politik, Königtum und Kirche, Reichsverfassung, Gesellschaft, Wirtschaft, Städtewesen und Landwirtschaft lässt das Mittelalter nach 1200 als ein ganz anderes erscheinen als in den Jahrhunderten zuvor. Die aufstrebende Bischofsstadt Würzburg war von jenen Veränderungen besonders betroffen.

Nach dem Ende des Investiturstreits im Wormser Konkordat 1122 kam es zu einem Umbau der Reichsverfassung. Die geistlichen Fürsten waren den weltlichen nun gleichgestellt und wurden durch ihren Lehenseid an das Reich gebunden. Das Königtum blieb jedoch auf die Unterstützung der Kirche angewiesen. Als Gegengewicht zu den nach Autonomie strebenden Herzögen brauchte der König loyale Bischöfe. Der Bischof von Würzburg spielte dabei eine zentrale Rolle. Nach dem Ende des fränkischen Herzogtums war es ihm gelungen, in der königsnahen Landschaft Franken eine bevorzugte Stellung einzunehmen. Unter den Staufern entwickelte sich die Stadt vollends zu einem Zentralort des Reichs. Friedrich Barbarossa hielt viele große Hoftage in der Stadt am Main ab, die nicht weit von den staufischen Besitzungen und strategisch günstig zwischen den beiden großen Herzogtümern Bayern und Sachsen lag. Die Belohnung für den Hofdienst der Würzburger Bischofe bestand schließlich in der Übertragung des Herzogtitels. Damit waren die Voraussetzungen für eine Sonderstellung Würzburgs geschaffen. Mit der Vereinigung geistlicher und weltlicher Gewalt in einer Hand konnte der Bischof im Ringen um den territorialen Ausbau seiner Vorrangstellung in Franken in Konkurrenz zu den umliegenden großen Herrschaften treten. Der Titel „dux" (Herzog) und das Schwert als Zeichen weltlicher Macht zieren seit dem 12. Jahrhundert die bischöflichen Münzen. Die Stadt wurde zum geistlichen und politischen Zentrum Mainfrankens.

Das 11. und das 12. Jahrhundert sind geprägt von einem deutlichen Anstieg der Bevölkerung. Davon profitierte auch die Stadt Würzburg. Eine Stadtmauer existierte bereits im 11. Jahrhundert. Im Inneren war die Besiedelung jedoch noch recht locker. Die höhere Einwohnerzahl forderte schließlich mehr Raum und die Bebauung wurde dichter. Um die vor der Stadt gelegenen Klöster und Stifte, die im 11. Jahrhundert wie eine zweite, spirituelle Mauer den urbanen Kern umgaben, hatten sich neue Siedlungen gebildet. Sie wurden nun teilweise in einen neuen Mauerring mit einbezogen. Von den Anhöhen vor der Stadt ist jene fünfeckige Befestigung, der „Bischofshut", noch heute leicht in der modernen Stadtlandschaft auszumachen.

Im Inneren nahm die Differenzierung zu. Handwerkerviertel und bürgerliche Wohnbezirke entstanden. Die aufstrebende Ministerialität errichtete repräsentative Höfe in der Stadt. Von unfreien herrschaftlichen Amtsträgern und Verwaltungsspezialisten gelang ihnen der Anschluss an den Adel. Mit ihren Amtssitzen und Wohnbauten brachten sie Elemente der höfischen Kultur in die Stadt. Große Feste, Luxuswaren aus dem Fernhandel oder höfische Dichtkunst hielten Einzug.

Die in romanischer Zeit entstandenen Großbauten Neumünster, Grafeneckart und Dom prägen das Stadtbild bis in die Gegenwart.

Die innerstädtischen Klöster und Stifte, die vom Bevölkerungsaufschwung und den Neuerungen in der Landwirtschaft profitierten und mit reichen Schenkungen bedacht wurden, bildeten eigene, geschlossene Bezirke innerhalb der Stadt aus. Die adligen Mitglieder des Domkapitels gaben das gemeinsame Leben im Domkloster auf und legten vor allem im Osten der Stadt große, repräsentative Höfe an. So entstand im Laufe des 12. Jahrhunderts eine dichte Bebauung, in der im gemeinsamen Mauerring bürgerlich dominierte Viertel einem nahezu geschlossenen geistlichen Bezirk gegenüber lagen. Stand am Beginn der urbanen Entwicklung Würzburgs im 8. und 9. Jahrhundert noch die umwehrte Domburg, so hinterließ das 12. Jahrhundert die voll ausgebaute Bürger- und Klerikerstadt, die bis weit in die Neuzeit kaum noch Änderungen erfuhr.

Mit dem Aufschwung der Stadt ging auch der Aufstieg des Bürgertums einher. Gefördert durch die staufische Städtepolitik florierten Markt, Handel und Gewerbe. Der lukrative Weinbau nahm stark zu, der Fernhandel wuchs an. Würzburger Waren wurden auf den europäischen Märkten gehandelt. Würzburger Münzen des 12. Jahrhunderts wurden selbst in Skandinavien gefunden, was die Dimensionen von Handel und Verkehr veranschaulicht. Einen gewichtigen Anteil daran hatte auch die jüdische Gemeinde. Trotz des Pogroms während des Zweiten Kreuzzuges entwickelte sie sich zu einer der bedeutendsten Judengemeinden im Reich. Ihre Kompetenz in Handel und Geldwesen förderte die wirtschaftliche Entwicklung der Stadt. Synagoge, gemeindliche Gremien, Schule und berühmte Rabbiner bereicherten das geistige Leben.

Eine neue steinerne Brücke, die ab 1120 gebaut wurde, und Zollerleichterungen trugen zum gesteigerten Warenaustausch bei. Die ersten Händler- und Handwerkerverbände entstanden. Reichtum und Wohlstand der Bürger förderten auch die kommunale Bewegung. Erstmals traten die Bürger geschlossen als politische Kraft innerhalb der Stadt auf. Sie

Alte Mainbrücke, Nordseite mit Blick auf den Marienberg

bezeichneten sich selbst als „universitas civium" und begannen im 12. Jahrhundert ein eigenes Siegel zu führen. Neben dem bischöflichen Stadtgraf oder Schultheißen und dem zeitweise konkurrierenden königlichen Burggraf entstand eine neue Schicht von herrschaftlichen Amtsträgern. Jene Ministerialen prägten das politische Handeln der Stadt. Im 12. Jahrhundert verläuft diese Entwicklung noch friedlich. Erst im 14. Jahrhundert erwächst aus dem bürgerlichen Selbstbewusstsein ein Konflikt mit der bischöflichen Stadtherrschaft.

So kann das 12. Jahrhundert für Würzburg als Zeit verdichteter Entwicklung gelten. Politik, Gesellschaft und Wirtschaft wandelten sich teilweise dramatisch. Die Stadt profitierte von den meisten dieser Veränderungen. Und so gilt auch für Würzburg das 12. Jahrhundert als Höhepunkt seiner Geschichte. Die Stadt wurde zum Zentralort des Reichs. Königtum und Papsttum, Bürger und Kleriker, Bischof und Territorialherren rangen um Einfluss in Stadt und Region. Die Ergebnisse dieser Prozesse bestimmten die Geschicke der Stadt in den kommenden Jahrhunderten. Teilweise wirken sie bis in die Gegenwart nach.

DIE STADT NIMMT GESTALT AN

Wer im 12. Jahrhundert nach Würzburg kam, musste den Eindruck einer Großbaustelle gewinnen. In allen Ecken der Stadt ragten Kräne und Gerüste auf, überall wurde Material transportiert, erklangen die Schläge der Steinmetzen und zeigte sich ein dauernder Baubetrieb, der Wohlstand und Aufschwung symbolisierte. Schon in der zweiten Hälfte des 11. Jahrhunderts schrieb der Anonymus Haserensis an seinen Bruder, dass es den Würzburgern von Natur aus eigen sei, alles abzureißen und neu zu bauen und alles Eckige rund zu machen (MGH SS 7, S. 261). Damit spielte er auf den Neubau des Doms seit Bischof Bruno (1034–1045) an sowie auf den Ausbau der Stiftslandschaft mit dem Neumünster ab 1057. Doch neben diesen Großbaustellen, die auch während des 12. Jahrhunderts noch in Betrieb waren, kamen noch andere und viele kleinere hinzu, die das Gesicht der Stadt veränderten und die historische Topographie bis heute prägen.

Die steinerne Mainbrücke

Schon von Weitem musste der Bau der steinernen Mainbrücke ins Auge fallen. Bis um 1120 musste jeder, der den Fluss überqueren wollte, eine Furt überwinden oder sich mit Schiffen,

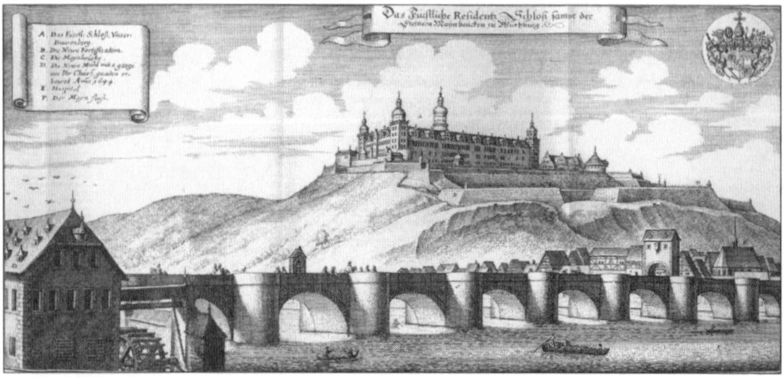

Alte Mainbrücke in einem Stich Merians d. Ä. aus dem Jahr 1648

Flößen oder Schelchen übersetzen lassen. Brücken waren bis zur Zeit der Staufer ohnehin rar. Oberhalb der Stadt gab es gar keine Möglichkeit, trockenen Fußes über den Main zu gelangen. Flussabwärts gab es die nächste, im 11. Jahrhundert erbaute Brücke aus Holz erst bei Aschaffenburg. Selbst in der Kaiserstadt Frankfurt wurde erst deutlich später ein fester Übergang geschaffen. Die Würzburger Brücke blieb noch lange Zeit die einzige Steinbrücke am Main.

Dabei konzentrierten sich hier bedeutende überregionale Handelsströme. Neben den Waren, die auf dem Fluss selbst transportiert wurden, verlief durch Würzburg eine große Handelsverbindung von Südosten ins Rheingebiet. Dass einige Jahre nach ihrer Fertigstellung auch in Regensburg ein steinernes Bauwerk die Donau überbrückte, zeigt die wachsende Bedeutung des Handelsverkehrs auf dieser Route. Auch eine alte Straße, die den Norden über den thüringischen Raum mit dem Süden und Südwesten des Reichs verband, kreuzte die Stadt. Für den stark anwachsenden Handelsverkehr stellte der Fluss ein Hemmnis dar. Eine Brücke musste also den Verkehr entlasten, weitere Waren in die Stadt ziehen und deren Attraktivität deutlich steigern. Auch wenn die Anstrengungen und Baukosten enorm waren; über Steuern und Zölle würden die Kosten wieder hereinkommen. Der Reputation der Stadt und dem Rang des

Bischofs in der Konkurrenz zu anderen weltlichen und geistlichen Fürsten des Reichs konnte ein solch weit und breit einzigartiges Großprojekt nur gut tun.

Was wir an schriftlichen Nachrichten über den Bau besitzen, ist nicht viel. Eine einzige Urkunde Bischof Embrichos, in einer späten Abschrift im sogenannten Kettenbuch des Stifts Haug aus dem 14. Jahrhundert überliefert, kündet von dem Bau und seinem Baumeister (Seberich, Mainbrücke, Anhang Nr. 2). Ihre Echtheit wurde gelegentlich bezweifelt; der Inhalt der Urkunde aus dem Jahr 1133 dürfte jedoch zutreffen. In dem Dokument gab Bischof Embricho bekannt, dass dem weithin berühmten Baumeister Enzelin, einem Laien, mit der Zustimmung aller Bürger die Verantwortung für Erneuerungsarbeiten an der Domkirche übertragen wurde. Enzelin habe außerdem auf eigene Kosten in der Vorstadt Pleich eine Kapelle errichtet, die nun zur Pfarrkirche aufgewertet einen eigenen Pfarrer erhalten soll. Dieser soll, solange geeignete Kandidaten vorhanden sind, stets aus der Familie Enzelins stammen. Nur im Nebensatz verkündet die Urkunde, dass Enzelin auch die „berühmte Brücke“ errichtet hatte.

1133 war die Brücke demnach bereits fertiggestellt. Weitere Quellen zur Person Enzelins sind nicht vorhanden. Doch immerhin besitzen wir damit den Namen des Baumeisters, blieben diese doch in der Regel im Mittelalter anonym. Er genoss offenbar einen sehr hohen Ruf und muss beträchtliche Einnahmen besessen haben. Er wird wohl nicht nur Beauftragter des Bischofs gewesen sein, sondern sein enormes technisches Wissen auch unternehmerisch zu nutzen gewusst haben. Die Errichtung einer Kapelle belegt seinen Reichtum, aber auch seine Verbundenheit mit der Stadt. Dass die Kapelle in der Pleich, St. Gertraud, gleich zur Pfarrkirche erhoben wurde, zeigt die dichter werdende Besiedelung in dem Handwerkerviertel vor den Mauern.

Die Brücke musste im 12. Jahrhundert einen eindrucksvollen Anblick geboten haben. 179 Meter war sie lang. Acht gewaltige Pfeiler trugen Steinbögen, die bis zu 15 Meter überspannten. Dass lediglich Joche aus Holzbalken über die Pfeiler gelegt wurden, gilt inzwischen als widerlegt. Zwei große Rampen zu beiden Seiten sorgten für den Aufgang zur Brücke. An der Stadtseite wurde dafür eigens die Mauer verlegt und mit dem Holztor eine neue Stadtmaueröffnung zum Main hin geschaffen. Zum Marienberg hin wurde bereits im 12. Jahrhundert am Aufgang die Godehardskapelle errichtet. Hier kleidete sich der neugewählte Bischof um, bevor er in feierlicher Prozession erstmals in seine Domkirche einzog. Auf der Brücke wurden zu beiden Seiten Brückentore angebracht, mit denen die Zugänge gesichert wurden. Hier wurde auch der Brückenzoll kassiert. Aus späterer Zeit erfahren wir, dass die Stadtgemeinde die Inhaberin des Zolles war. Auch trug sie die späteren Baulasten. Demnach wird der Bischof wohl den Bau angeregt und koordiniert haben, die Finanzierung dürfte aber zu größeren Teilen von der aufstrebenden Bürgergemeinde getragen worden sein.

Von den technischen Leistungen, die der Brückenbau erforderte, können wir uns heute nur noch ungefähre Vorstellungen machen. Die Ufer mit den Rampen mussten gegen Überschwemmungen und Unterspülung gesichert werden. Der Main war damals zwar nicht tief, dafür aber auch nicht in ein festes Bett gezwängt. Für jeden Pfeiler mussten Senkkästen aus Holz auf den Grund gebracht und mit dauerndem Pumpen trocken gelegt werden. Unter ständiger Gefahr von Wassereinbrüchen musste der Grund bis auf die Kalksohle ausgehoben werden, damit eine dauerhafte Fundierung gelegt werden konnte. Eine kleine Heerschar an Steinmetzen fertigte präzise geplante Quader für Pfeiler und Bögen, von denen jeder einzelne per Schiff vor Ort gebracht und mit Hebebäumen an die richtige Stelle gesetzt werden musste.

Wenn die Brücke 1133 fertig war, ist mit einem Baubeginn spätestens um 1120 zu rechnen. Der Baumeister Enzelin dürfte also, wenn er nachher noch mit Arbeiten am Dom betraut war, wenigstens ein Vierteljahrhundert in der Stadt gewirkt und mehrere ihrer Großbaustellen betreut haben, vielleicht auch für den einen oder anderen Domherren oder Ministerialen am Bau ihrer Höfe tätig geworden sein. Sein Reichtum war verdient. Ein Denkmal für seine stadtgestaltenden Leistungen hat er übrigens bis zum heutigen Tag nicht.

Die Brücke prägt die Stadt bis heute. Sie sorgte für weiteren Aufschwung. Sie verband die Stadt mit dem Mainviertel, das nun attraktiver wurde. Der Fluss stellte kein Hindernis mehr dar. Die Besiedelung wurde nun auch auf der gegenüberliegenden Seite dichter; auch einige Ministerialen begannen, dort Höfe zu errichten. Die Kirchen und Kapellen jenseits der Mauer konnten leichter in die feierlichen Prozessionswege einbezogen werden. Die bessere Erreichbarkeit schuf schließlich auch die Grundlagen für den Ausbau des Marienbergs zur Festung und zur neuen dauerhaften Residenz für die Bischöfe des 13. Jahrhunderts.

Weit drang der Ruhm der Brücke, die gegen Ende des 12. Jahrhunderts gar in einem Gedicht besungen wurde. Gottfried von Viterbo (um 1125–1191/92), der unter den staufischen Königen Konrad III. und Friedrich Barbarossa als Notar und Hofkaplan diente und sich im Gefolge der Staufer häufiger in Würzburg aufhielt, verewigte in seinem „Pantheon" das Lob Würzburgs: Er lobte die weinreichen Hänge, die die Stadt zwischen den Hügeln wie ein irdisches Paradies erscheinen lassen. Und eine mächtige Brücke verbinde die Häuser zu beiden Seiten des Flusses (MGH SS 22, S. 161). Mehr als 300 Jahre hatte die Brücke bestand. Dann beschädigten Hochwasser, Eisgang und die immer stärker werdenden Belastungen durch den zunehmenden Fuhrverkehr des späten Mittelalters den Bau. Im 14. und im 15. Jahrhundert wurden Pfeiler und Joche sukzessive erneuert. Von der ersten Brücke sind heute nur noch die Rampen und einige Teile von Pfeilern unter neueren Verkleidungen im Original erhalten. Bis 1886 blieb das Bauwerk die einzige Mainbrücke in Würzburg.

Der Ausbau der Kirchenlandschaft: Dom, Neumünster und Stift Haug

Große, von Weitem sichtbare Baustellen gab es noch an vielen anderen Orten der Stadt. Der Bau des Doms, der ab 1040 von Bischof Bruno begonnen wurde, war mehr als ein Jahrhundertprojekt. Mit einer Doppelturmfassade, dem mächtigen Querhaus und einer Gesamtlänge von 105 Metern war er die viertgrößte romanische Basilika im Reichsgebiet. Er gilt als Hauptwerk der Baukunst zur Zeit der Salier. Unter Bischof Adalbero um 1075 waren erst wenige Teile fertiggestellt. Fast durch das ganze 12. Jahrhundert wurde noch fleißig weiter gebaut. Die in den Vorstädten angesiedelten Steinmetzen hatten reichlich Ar-

Würzburger Dom vom Marienberg aus gesehen

Kiliansgruft im Neumünsterstift mit Kiliansschrein. Der Altar stammt aus den Jahren um 1250. Durch kleine Öffnungen krochen die Pilger und erhofften sich Heilung von ihren Leiden durch die unmittelbare Nähe zu den Heiligen. Der Reliquienschrein wurde Mitte der 1980er Jahre von Heinrich Gerhard Bücker geschaffen.

beit. 1133 intensivierte Bischof Embricho gemeinsam mit Enzelin die Arbeiten. Erst am 24. Oktober 1188 unter Bischof Gottfried von Spitzenberg konnte der vollständige Bau geweiht werden. Die restlichen Arbeiten dauerten noch bis zur Einwölbung des Chores unter dem Episkopat Hermanns von Lobdeburg (1225–1254) an.

Auch gleich neben dem Dom wurde gebaut. Die um 1057 unter Bischof Adalbero begonnene Neumünsterkirche wurde erweitert. Sie wurde an der Stelle errichtet, wo die Frankenapostel Kilian, Kolonat und Totnan das Martyrium erlitten. Die Reliquien ihrer Körper (die Häupter befinden sich in der Domkirche) werden dort heute noch lebhaft verehrt. Am Fest des Heiligen Kilian strömen die Pilger in die Krypta des Neumünsters, wo eine wundertätige Quelle Heilung von Gicht und Augenleiden verspricht. Neben der in der Barockzeit umgestalteten Kiliansgruft zählt besonders die weniger bekannte Ostkrypta zu den hervorragenden romanischen Bauzeugnissen. Die Kirche

Die dem heiligen Johannes geweihte Ostkrypta stammt noch aus der Bauzeit im 11./12. Jahrhundert. Die ersten Joche der ursprünglich dreischiffigen Krypta tragen romanischen Kapitellschmuck.

selbst wurde im Übergang zum 18. Jahrhundert stark verändert. Der alte Westchor wurde abgerissen, die Fenster des Chores vergrößert, die Fassade eindrucksvoll barockisiert.

Der romanische Kreuzgang des Neumünsterstiftes wurde um 1170 errichtet. Kurz nach 1900 wurden seine Reste abgetragen und zunächst im Garten des Mainfränkischen Museums aufgebaut. Seit 1953 befindet er sich wieder an der ursprünglichen Stelle. Der wiedererrichtete Nordflügel des Kreuzgangs besitzt sechzehn Rundbogen im lombardischen Stil. Eine Christus- und eine Kiliansstatue gelten als sehr frühe Würzburger Bildhauerarbeiten. Dies zeigt, dass neben der Kirche vor allem die Stiftsgebäude stetig erweitert wurden. Sie bildeten mit Kirche, Kreuzgang, Kanonikerhof und Wirtschaftsgebäuden einen in sich geschlossenen Baukomplex nördlich der Domkirche.

Das Stift unterhielt engste Verbindungen zum Königtum. Bei der Gründung hatten die Grafen von Comburg-Rothenburg

Thronender Christus, Relief im Kreuzgang des Neumünsters aus der zweiten Hälfte des 12. Jahrhunderts (Stadtarchiv Würzburg)

Hilfestellung geleistet. Nachdem diese 1116 ausgestorben waren, traten die Staufer in deren Erbe ein. Sie übernahmen auch die weitere Förderung des Neumünsters durch Schenkungen. Das Stift wurde zu einer Pflanzstätte der Bildung. 1136 ist mit Richer der erste Stiftsscholaster namentlich bekannt. Zahlreiche Notare und Kapläne im Dienst des staufischen Hofes gingen aus der Schule des Neumünsters hervor. Hier lebte im 14. Jahrhundert der Scholaster, Notar und Kanzler der Würzburger Bischöfe Michael de Leone († 1355), der in seinem Hausbuch den Rang Würzburgs als mittelalterliche Literaturstadt festigte. Er überliefert auch die Kunde, dass Walther von der Vogelweide im Kreuzgang des Neumünsters begraben liegt. Der größte Dichter des Mittelalters mag also sein berühmtes Alterslehen auf staufische Vermittlung im Neumünster erhalten haben.

Der Ausbau der Stifts- und Kirchenlandschaft und die reiche Bautätigkeit des 12. Jahrhunderts betraf praktisch jede Kirche der Stadt. Abgesehen von den Neugründungen der Bettelordenskirchen im 13. Jahrhundert wurde die Formierung der Kirchenlandschaft weitgehend abgeschlossen. Das um 1000 auf dem Gelände des heutigen Bahnhofs durch Bischof Heinrich I. (996–1018) zu Ehren Johannes des Täufers und Johannes des Evangelisten gegründete Stift Haug erhielt einen neuen Kirchenbau. Die Kirche, ursprünglich eine dreischiffige Pfeilerbasilika über lateinischem Kreuz, wurde um 1143 fertiggestellt. Der Baumeister Enzelin wird auch hier mitgewirkt haben. 1657 musste sie der neuzeitlichen Stadtbefestigung weichen und wurde vollständig abgetragen. Wenige Jahre später ersetzte ein mächtiger Kuppelbau von Antonio Petrini den romanischen Bau an anderer Stelle. Nur noch einige Kapitelle sind im Mainfränkischen Museum erhalten. Auch Stift Haug bildete zur Stadt hin eine eigene kleine Siedlung mit Handwerkern und Höfen der Kapitelherren aus, die als Vorstadt später in den Mauerring einbezogen wurde. Die Kirche selbst blieb jedoch zusammen mit einigen anderen Kirchen immer als spirituelles Schutzschild vor den Mauern.

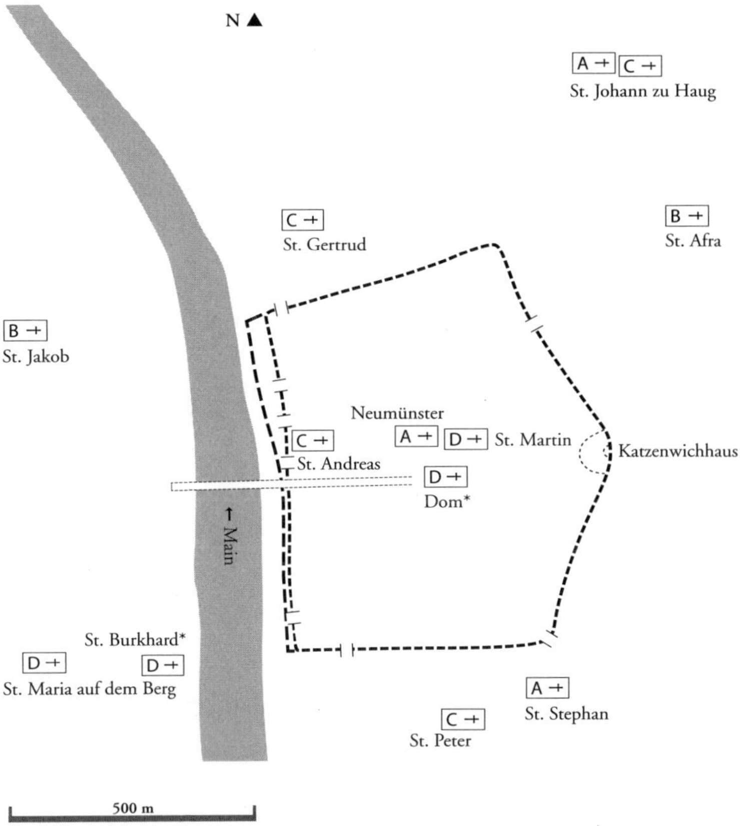

Zeichnung nach W. Schich und W. Weber

A + Im 11. Jahrhundert gegründete Stifte und Klöster

B + In der ersten Hälfte des 12. Jahrhunderts erbaute Klöster

C + Pfarrkirchen und Marktkapelle St. Andreas aus dem 11. und frühen 12. Jahrhundert

D + Frühmittelalterliche Kirchen (*Neubau im 11. Jahrhundert)

Fünfeckmauer des 11. Jahrhunderts mit Toren

Mauer der ersten Hälfte des 12. Jahrhunderts

Der Ausbau der Würzburger Kirchenlandschaft im 11. und 12. Jahrhundert

Klosterbauten

Stift Haug war noch im Bau, als in der linksmainischen Vorstadt auf dem Girberg ein weiteres Kloster hinzukam. 1138 gründete Bischof Embricho, angeblich bei einem Aufenthalt in Mainz von einem Schottenmönch darum gebeten, das Schottenkloster St. Jakob. Die Gründung erfolgte mit Unterstützung der Regensburger Schottenmönche. Aus dem politischen Leben des Hochstifts hielten sich die Mönche weitgehend heraus. Sie unterhielten ein Hospiz, das sich um Pilger kümmerte. In späterer Zeit beeinflusste eine produktive Schreibwerkstatt und eine umfangreiche Bibliothek das geistige Leben der Stadt. Der Kirchenbau der Schotten, eine querhauslose Pfeilerbasilika, wurde um 1156 vollendet. Der romanische Bau wurde 1945 durch Luftangriffe bis auf wenige Reste zerstört.

Nur ein kurzes Stück weiter vor der Stadt am linken Ufer des Mains entstand ab 1128 mit Unterstützung der Domherren

Oberzell, romanische Toranlage aus dem 12. Jahrhundert von Westen

und der Bürgerschaft ein Prämonstratenserkloster. Die Predigten des Ordensgründers Norbert von Xanten, der sich 1126 in Würzburg aufgehalten hatte, führten zu der ersten Gründung eines der neuen Reformklöster im Umfeld der Stadt. Die dreischiffige Basilika ist heute noch im Kern erhalten; auch eine romanische Toranlage ziert noch immer den Eingang zum Klosterareal. Seit Beginn des 20. Jahrhunderts wird die in der Barockzeit zu beeindruckender Größe umgebaute Klosteranlage von einer franziskanischen Frauengemeinschaft benutzt.

Prämonstratenserorden: Norbert von Xanten gründete 1120 in Prémonté bei Laon mit 13 Gefährten eine klösterliche Gemeinschaft. Sie orientierte sich an asketischen Idealen der Urkirche, pflegte jedoch auch seelsorgerische Außenkontakte. Als Regel verbreitete sich die Augustinerregel. Norbert zog weiterhin als Wanderprediger herum und gründete zahlreiche neue Klöster. Aus dem Zusammenschluss selbstständiger Klöster entstand schließlich der Prämonstratenserorden (im Norden auch Norbertinerorden) als größter Orden regulierter Chorherren. Anfangs bestanden in vielen Prämonstratenserklöstern Doppelkonvente, in denen organisatorisch getrennt Frauen und Männer einem Kloster angehörten.

Die alten Orden blieben nicht abseits. Das um das Jahr 1014 als Kanonikerstift gegründete und 1057 von Bischof Adalbero in ein Benediktinerkloster umgewandelte Kloster St. Stephan in der Sander Vorstadt nutzte die zahlreichen Stiftungen, die nach der Krise im Investiturstreit zu Beginn des 12. Jahrhunderts wieder einsetzten, für weiteren Ausbau. Um 1100 konnten Reliquien des Klosterpatrons Stephanus erworben werden. Mit Abt Beringer stand hier ein Mitglied der einflussreichen Würzburger Ministerialenfamilie de Foro von 1131 bis 1144 dem Kloster vor. Sein Nachfolger Raphold (1144–1166) tat sich mit Erweiterungsbauten hervor, deren Umfang das Kloster in ernsthafte Finanznöte brachte.

Das Kloster unterhielt in der Stadt auch ein Spital, das im 12. Jahrhundert abgerissen und als Margarethenspital am Rand

Krypta des Benediktinerklosters St. Stephan. Nach einem vollständigen Neubau der Klosterkirche im klassizistischen Stil durch den letzten Abt des Klosters, Gerhard Winterstein (1787–1803, † 1805), ist die Krypta die einzige Hinterlassenschaft der Romanik. Hier wurden die Gebeine des 1188 transferierten Klostergründers Heinrich verehrt.

Bautätigkeit des Klosters St. Stephan unter Abt Raphold; Miniatur aus der 1582 für Fürstbischof Julius Echter hergestellten Abschrift der Fries-Chronik (Universitätsbibliothek Würzburg, M. ch. f. 760, fol. 116v)

des Klosterbezirks neu errichtet wurde. Um die Mitte des 12. Jahrhunderts erbaute Raphold gleich neben der Klosterkirche die Pfarrkirche St. Peter für die rasch wachsende Siedlung von Klosterangehörigen und Handwerkern in der Pleich. Nach zahlreichen Umbauten sind heute nur noch die Turmstümpfe und die Glockengeschosse erkennbar aus romanischer Zeit. Die Klostersiedlung wuchs derart an, dass sie kurz vor 1200 in eine Erweiterung des Mauerrings einbezogen wurde. 1188 wurden die Gebeine des Gründers Heinrich in das Kloster übertragen. Auch hierfür wurde vermutlich umgebaut. Zu den größeren Maßnahmen zählt noch der Neubau des Klosters St. Afra. Nachdem das Benediktinerkloster längere Zeit als Doppelkonvent existiert hatte, erhielten die Nonnen zur Zeit Rapholds vor der Stadt ein eigenes Klostergebäude mit Kirche.

Die vielen kleineren Baustellen kirchlicher Institutionen sind für das 12. Jahrhundert kaum vollständig aufzuzählen. St. Burkhard auf der linken Mainseite wurde umgebaut. Schlankere, romanische Säulen gaben dem schweren Kirchenschiff ein leichteres und gefälligeres Aussehen. 1144 stiftete Dompropst Otto von Estenfeld das Dietrichspital. Der Bischof hatte die Gründung durch Bereitstellung eines Grundstücks mitten in der Stadt unterstützt und sorgte auch für eine angemessene Ausstattung durch Einkünfte aus Liegenschaften. So entstand im Laufe des 12. Jahrhunderts jenes Bild der Stadt, das vor allem durch seine alles überragenden Kirchenbauten geprägt war. Deutlich wird dies erstmals im Bild festgehalten in einem Holzschnitt der Stadt in der 1493 gedruckten Weltchronik des Hartmann Schedel, die als erste authentische Stadtansicht gilt.

Dass der Baumeister Enzelin in der Pleich 1133 eine Kapelle auf eigene Kosten errichtete, die sogleich Kern einer neuen Pfarrei für das rasch wachsende Handwerkerviertel bildete, wurde bereits bemerkt. Ausgrabungen im Jahr 2000 in der Pleich ergaben ein Bild reicher Handwerkstätigkeit. Gefunden wurden zum Beispiel Reste eines älteren, einfachen Grubenhauses aus Holz, in dem eine Abfallgrube mit zahlreichen Tierknochen auf die Tätigkeit eines Metzgers hinweist. Der weitere Grabungsbefund ließ den Schluss zu, dass selbst in diesem „einfacheren" Viertel die Holzhäuser im Laufe des 12. Jahrhunderts durch Steinbauten abgelöst wurden (Das archäologische Jahr in Bayern 2000, S. 115–118).

Auch auswärtige Institutionen traten als Bauherren in der Stadt auf. 1127 wurde als erste rechtsrheinische Zisterze das Kloster Ebrach gegründet. Der Gründungsabt Adam (1127–1161) unterhielt beste Kontakte zu Bernhard von Clairvaux, zum staufischen Königtum und zum Würzburger Bischof. Bereits um 1142 hatte Ebrach in Würzburg einen Klosterhof gebaut. Er befand sich als Wein- und Absteigehof am Ostrand des Kranzes der Domherrenhöfe. Der Name Ebracher Gasse erinnert bis heute an diese Niederlassung.

→ **Zisterzienserorden:** Robert von Molesme gründete 1098 mit einigen reformorientierten Mönchen in Cîteaux ein Kloster, das sich eremitischer Abgeschiedenheit, strenger Askese und rigoroser Befolgung der Benediktinerregel widmete. Als eigentlicher Ordensgründer gilt Bernhard von Clairvaux, der 1112 mit zahlreichen adligen Gefährten in das Kloster Cîteaux eintrat.

Zu seinen Lebzeiten wurden 70 neue Konvente (Zisterzen) gegründet; unter seiner Leitung standen insgesamt 164 Klöster. Die Zisterzienserklöster standen stets unter der Kontrolle ihres Mutterklosters, von dem die Gründung ausgegangen war, und zeichneten sich durch erfolgreiche wirtschaftliche Betätigung in Landbau, Handwerk und sogar im Bergbau aus.

Die nächste Gründung des Ordens, das um 1150 von Maulbronn und Waldsassen mit Unterstützung fränkischer Adliger im Taubertal erbaute Kloster Bronnbach, tat es den Ebrachern bald nach. 1170 schenkte Billung de Foro dem Kloster ein größeres Grundstück in der Stadt in günstiger Nähe zu den Handelsplätzen am Main. Wieder einmal zeigt sich darin überdeutlich der Einfluss jener Ministerialenfamilie auf die Entwicklung der Stadt.

Die wirtschaftlich überaus erfolgreichen Zisterziensermönche errichteten dort einen großen Hof, welcher der Verwaltung ihrer Güter in und um Würzburg diente. Auch als Absteige, später als Studienhaus, vor allem aber als Lager- und Verkaufsstelle für ihre in Eigenbau hergestellten Waren und für überschüssige Naturalabgaben wurde der Stadthof benutzt. Er umfasste ein ganzes kleines Stadtviertel innerhalb der alten Stadtbefestigung, gelegen an der heutigen Karmeliterstraße zwischen Bronnbacher Gasse und Innerem Graben.

Im Jahr 2009 wurde die barocke Nachfolgebebauung auf dem alten Bronnbacher Hof für einen Geschäftshausneubau abgebrochen. Dabei zeigte sich, dass noch romanisches Mauerwerk teils bis in eine Höhe von sieben Metern vorhanden war. Weitere, notdürftige Grabungen ergaben das Bild eines einheitlichen, großen Baukörpers zur Karmeliterstraße hin, der auf wenigstens zwei Stockwerke im Inneren durch zahlreiche einzelne Räume untergliedert war. Teilweise unterkellerte Randbebauung umschloss einen großen Innenhof, der durch ein Portal von der Bronnbacher Gasse her betreten werden konnte. Ein großes romanisches Rundbogen-Doppelportal, das mit 3,7 Metern

HERBIPOLIS

Spannweite auch Fuhrwerken Einlass bot, konnte teilweise freigelegt werden. Heute zeugen nur noch dessen kümmerliche Reste als historisches Feigenblatt in eine Mauer des Neubaus eingelassen von der einstmals riesigen romanischen Anlage. Die Grabungen im Hof zeigten, dass auch an dieser Stelle ein großer Steinbau vorhandene, ältere Grubenhäuser abgelöst hatte (Das archäologische Jahr in Bayern 2009, S. 119–121).

Im 12. Jahrhundert entstand die Sakraltopographie der Stadt, wie sie sich in ihren alles überragenden Kirchenbauten in der ersten authentischen Ansicht Würzburgs in der Weltchronik Hartmann Schedels zeigt, Druck, Nürnberg 1494.

Die Domherrenhöfe

Ein ganzer Stadtbezirk in beständiger baulicher Veränderung musste dem Besucher der Stadt ins Auge fallen, wenn er von der Mainbrücke in Richtung Dom gehend, weiter in die Bereiche östlich der Bischofskirche eintrat. Hier entstanden in großer Zahl und rascher Folge die Domherrenkurien. In den Quellen erscheinen sie als „Curiae Claustrales“, als geschlossene Höfe. Große, repräsentative Höfe mit einer Ummauerung, die aus wehrhaft erscheinenden Giebelhäusern, einfacheren Unterkünften für Bedienstete und Wirtschaftsgebäuden bestanden, kündeten hier vom gesteigerten Reichtum und Standesbewusstsein der Domherren. Die adligen Kiliansbrüder errichteten sich hier Stadtresidenzen, die ihrem Rang entsprachen.

Aus den Urkunden des 12. Jahrhunderts kennen wir die Namen der Bauherren und der ersten Besitzer. Auch wenn die barocke Umgestaltung der Stadt und zuletzt der Bombenangriff vom 16. März 1945 kaum noch Reste der romanischen Bebauung übrig ließen, so tragen einige Komplexe der Nachfolgebebauung noch heute die Namen mancher Domherren des 12. Jahrhunderts. Die Curia Luden (später Curia Seebach) wurde von einem Domherren namens Otto von Luden gebaut. Berthold von Tutleben, der den Hof seinem gleichnamigen Sohn vererbte, war Namensgeber der Curia Teutleben.

Ein Domherr namens Berno, dem als Sohn des Würzburger Stadtschultheißen aus ministerialischer Herkunft der Aufstieg in den elitären Zirkel des Domkapitels gelungen war, besaß gleich zwei Höfe: Die Curia Bernonis und die Curia ad St. Gallum. Letztere hieß seit der Wiedererrichtung zu Beginn des 18. Jahrhunderts Guttenbergpalais, nach den Reichsfreiherren von und zu Guttenberg, die den Hof lange besaßen. Im Innenhof der Curia ad St. Gallum wurden 2003/04 wegen Umbaumaßnahmen Grabungen durchgeführt. Dabei konnte die alte Kapelle des Hofes entdeckt werden, die 1130 von Bischof Embricho und Erzbischof Walter von Ravenna (1118–1144) feierlich eingeweiht worden war. Ein Oktogon mit einem Außendurchmesser

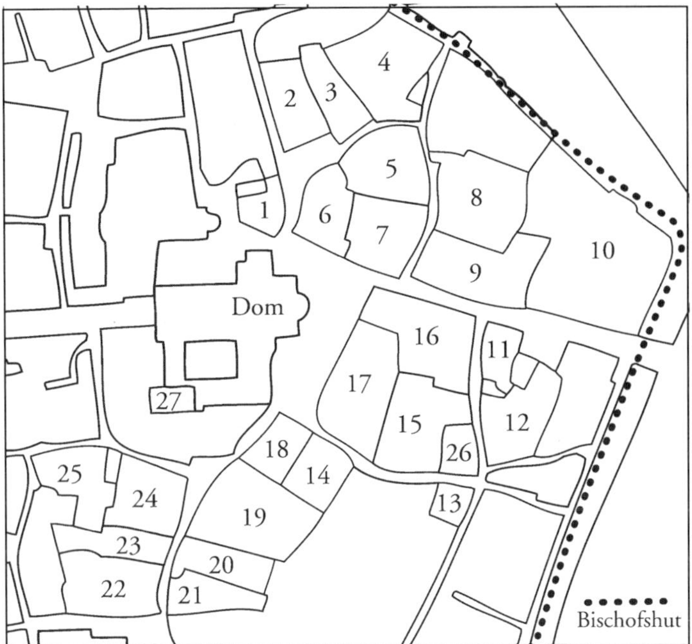

1 ad St. Gallum
2 Conti
3 Maßbach
4 Uissigheim
5 Weinsberg
6 Rannenberg
7 Osternach
8 Kugelberg
9 Altlobdeburg
10 Katzenwicker
11 Neulob deburg
12 Schrotzberg
13 Stubwege
14 Vituli
15 Sternberg
16 Grindlach u. z. Weide
17 Rödelsee
18 Tannenberg
19 Heideck
20 Seebach
21 Augsburg
22 Teutleben
23 Öttingen
24 Marmelstein
25 Krautheim
26 Waldhausen
27 Guttenberg

Die Domherrenhöfe im geistlichen Bezirk östlich und südlich des Domes

von 12,30 Metern samt Säulenfüßen am Innenfundament lassen auf einen außergewöhnlichen Kappelenbau in einem Hof an repräsentativer Stelle schließen (Das archäologische Jahr in Bayern 2009, S. 108–111).

Ein Domherr namens Albert von Pfuzeche verkaufte seinen Hof vor 1192 an Boppo von Osterna; seither hieß der Hof Curia Osternach. Am längsten hielt sich der Name Marmelstein. Der

Domherr Eberhard de Marmore (1193–1195) ließ den Hof erbauen. Trotz der Neuerrichtung durch Balthasar Neumann und des Wiederaufbaus des völlig zerstörten Gebäudes nach dem Zweiten Weltkrieg blieb der Name des Domherren an dem Gebäude haften. Im Marmelsteiner Hof in der Domerschulstraße/Plattnerstraße befindet sich heute das bischöfliche Ordinariat und das Museum Domschatz.

Bis Ende des 12. Jahrhunderts waren so wenigstens zwölf große Hofkomplexe entstanden. Im 13. Jahrhundert wuchs ihre Zahl noch einmal auf das Doppelte an. Der Einfluss auf die Topographie der Stadt ist bis heute sichtbar. Vom Festungsberg oder vom Turm des Grafeneckart aus sind leicht diejenigen Bezirke der Stadt auszumachen, in denen weiträumige Dachflächen und hofartige Bebauung die großzügig gegliederte Sozialtopographie der geistlichen Viertel markieren. Hier waren die Domherrenhöfe und die Immunitätsbezirke der Klöster und Stifte. Am Mainufer entlang und in den Vierteln der Handwerker zeigen sich dagegen kleinräumige Bebauung und engwinklige Gassen.

Profanbau: Die Höfe der Ministerialen

Parallel zu den Domherren dokumentierten auch die Ministerialen ihren Reichtum und sozialen Rang in der Stadt. Ihre Höfe erstreckten sich zu beiden Seiten der Domstraße. Sie erreichten zwar nicht die Größe der Domherrenhöfe und bildeten keine nahezu geschlossenen Bezirke innerhalb der Stadt aus. Doch trugen auch sie zur Umgestaltung des Stadtbildes bei. Das eindrucksvollste Gebäude errichtete die Familie de Foro, einen Hof direkt am Anfang der Domstraße am Aufgang zur Mainbrücke. Nach einem bedeutenden Mitglied der Familie, dem „Grafen“ Eckard, wird der Bau noch heute Grafeneckart genannt. Trotz mancher spätgotischer Erweiterungen und Umbauten zur Zeit der Renaissance ist der romanische Kern der Anlage noch heute gut zu erkennen. Ein wehrhaft geschlossenes romanisches Giebelhaus mit mächtigen Grundmauern bildete das säkulare Zentrum der Stadt. Es passt gut, dass in

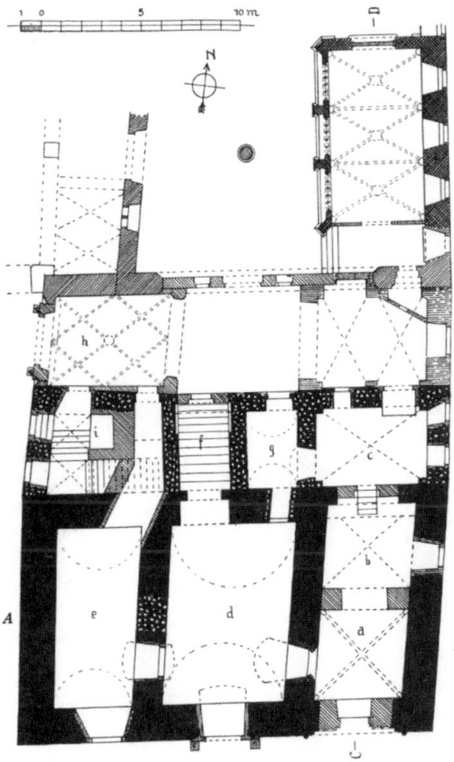

Grundriss des Hofes zum Grafeneckart; im vorderen Teil sind die starken Mauern des romanischen Teiles zu erkennen, nach Norden schließt sich die spätgotische Ratskapelle an.

der Nachfolge dieses königlichen und bischöflichen Amtsträgers die Bürgergemeinde seit 1313 im Grafeneckart ihr Rathaus unterbrachte. Diese Nutzung blieb bis heute bestehen. Im romanischen Wenzelsaal im zweiten Stock finden noch immer feierliche offizielle Empfänge statt.

Andere Ministerialenfamilien folgten diesem Vorbild. Leider haben spätestens die Zerstörungen im Zweiten Weltkrieg kaum noch Spuren der Ministerialenhöfe übrig gelassen. Le-

Hinterer Gressenhof mit romanischem Doppelportal aus dem 12. Jahrhundert, Sitz der Ministerialenfamilie Cresse

diglich vom Hof der Ministerialenfamilie Cresse, der nach dem Vorbild der Domherren Cressenhof genannt wurde (heute: Hinterer Gressenhof in der Gressengasse 1), ist noch ein romanisches Doppelportal aus dem 12. Jahrhundert erhalten, das Ähnlichkeiten mit dem 2009 zutage getretenen Portal am Zisterzienserhof des Klosters Bronnbach zeigt. Es dient heute dem bekannten Wirtshaus zum Stachel als markanter Eingang in einen laubumrankten Innenhof, in dem fränkische Küche und bester Wein kredenzt werden.

Die „Versteinerung" der Stadt

In keinem anderem Jahrhundert – bis zur barocken Umgestaltung der Stadt – wurde in Würzburg so viel gebaut. Würzburg erhielt im 12. Jahrhundert ein neues Gesicht. Die anfangs noch lockere Bebauung im Inneren verdichtet sich. Der Platz wird knapp. Vorstädte entstehen, die ein neuer Mauerring am Ende des 12. Jahrhunderts in den Schutz der Stadt mit einbezieht.

Würzburg im hohen Mittelalter

Nur wenig ist davon heute noch auf den ersten Blick erkennbar erhalten. Romanische Kapitelle, manches Tympanon oder Friese belegen die Arbeit mehrerer gut geschulter Würzburger Bildhauerwerkstätten. Für Werkleute und Steinmetzen muss die Stadt im 12. Jahrhundert eine erste Adresse gewesen sein. Das Stadtbild gewinnt Struktur. Handwerkerviertel, bürgerliche Wohnviertel und die geistlichen Bezirke entstehen. Zusammen mit den großen Kirchbauten legten sie den Grund der historischen Topographie, den auch nachfolgende Jahrhunderte nur noch umgestalten, aber nicht mehr radikal verändern konnten.

→ **Tympanon:** reliefartig geschmücktes Giebelfeld oder das Feld über einem Türsturz.

Das 12. Jahrhundert brachte auch die „Versteinerung“ der Stadt. Wo vorher noch der Holzbau vorherrschte und neben Kirchen und wenigen herausragenden Gebäuden einfache Grubenhäuser vorherrschten, gewinnt der Steinbau an Boden. Das 12. Jahrhundert hinterließ eine vollständig ausgeprägte, im Inneren reich differenzierte und dicht bebaute Kleriker- und Bürgerstadt, die mit Dom, Stiften, Kurien, Bürgerhäusern und der Mainbrücke einem Idealbild einer mittelalterlichen Bischofsstadt entspricht.

DIE BEVÖLKERUNG – HÄNDLER, HANDWERKER, KLERIKER, AMTLEUTE

Wie viele Menschen im 12. Jahrhundert in der Stadt lebten, lässt sich kaum bestimmen. Erste zuverlässige Zahlen stammen erst aus dem 16. Jahrhundert. Bürgeraufnahmebücher und Steuerlisten geben selbst für das 15. Jahrhundert nur ungefähre Richtwerte an. Die umfangreiche Bautätigkeit, die Entstehung von Vorstädten, das Aufblühen von Handel und Gewerbe, die Entwicklung der jüdischen Gemeinde und nicht zuletzt die zahlreichen Königsaufenthalte deuten aber auf ein starkes Anwachsen der städtischen Bevölkerung hin. Für das 12. Jahrhundert darf man von einer Bevölkerungszahl von wenigstens 3.000 und höchstens 4.000 Einwohnern ausgehen (Seberich, Bevölkerung S. 51).

Kaufleute und Händler

Schon ab dem 9. Jahrhundert hatten der Bischofssitz, die geistlichen Institutionen und der Zustrom der Pilger Kaufleute angezogen. Sie trugen den wirtschaftlichen Wohlstand, der den Aufschwung der Stadt im Hochmittelalter ermöglichte. Als erster Stadt in Deutschland verlieh bereits 1030 Konrad II. Würzburg das Recht auf einen täglichen Markt neben dem Jahrmarkt (MGH DD KII, Nr. 154). Der Bischof war mit dieser Bitte beim

Kaiser vorstellig geworden, der außerdem noch Gerichtsrechte in der Stadt, Zoll und eine Münzstätte bestätigte. Dies zeugt von gesteigerten Bedürfnissen nach Waren aus dem Fernhandel, aber auch von einer Vielfalt von Erzeugnissen des täglichen Bedarfs. Eine wachsende und sich allmählich differenzierende Bevölkerung hatte sich deutlich über den Zustand kleinräumiger Selbstversorgung hinaus entwickelt. Die Kaufleute hatten sich dafür vermutlich zu einer frühen Form der Gilde zusammengeschlossen. Dass sie ein eigenes Recht besaßen, belegt eine Urkunde Heinrichs IV. aus dem Jahr 1062, mit der die Fürther Kaufleute sich nach dem Vorbild der Würzburger organisieren sollten (MGH DD HIV, Nr. 89).

Der Weinhandel dürfte wohl den Hauptexportzweig dargestellt haben. Von den Champagnemessen bis nach Regensburg wurde der Frankenwein gehandelt. Funde Würzburger Münzen des 11. und 12. Jahrhunderts zeigen darüber hinaus auch Handelsverbindungen in den Westen und Norden des Reichs. Auch aus Polen und dem ganzen skandinavischen Raum mit weiteren Verbindungen bis Wladimir und Archangelsk sind Handelsaktivitäten anhand der Münzen belegbar.

Natürlich traten auch auswärtige Kaufleute in der Stadt in Erscheinung. 1189 leisteten sie dem Bischof gar gegen Zollerlass einen beträchtlichen Vorschuss (MB 37, Nr. 144). Ihren regelmäßigen Handelsplatz hatten sie am Mainufer, wo es einen günstig gelegenen Handelssteg gab. Die auswärtigen Händler hatten beim Bischof gar erwirkt, dass einige Gebäude in der Nähe abgerissen wurden, um die Waren besser anbieten zu können.

Bischofshof, Kleriker, Ministerialen und Stadtbevölkerung müssen attraktive und zahlungskräftige Kunden gewesen sein. Die Umsätze waren beträchtlich: Der Vorschuss an den Bischof betrug ganze 110 Mark Silber – gut einen halben Zentner reines Edelmeltall! Die Gegenfinanzierung über den Zollerlass lässt auf ein enormes Handelsvolumen und hochpreisige Waren schließen.

Verkaufsstände vor den Domtreppen in einer Illustration der Fries-Chronik (Stadtarchiv Würzburg, Ratsbuch 412, fol. 167v)

Auf dem täglichen Markt waren dagegen eher Kleinhändler, Handwerker oder Krämer zu finden. Sie hatten kleinere Buden in der Domstraße. Mit 19 Verkaufsständen, die an den Stufen des Doms lagen („cubicula mercimonialia in gradibus"), gibt es auch einen kleinen Markt innerhalb des bischöflichen Immunitätsbezirks (MB 37, Nr. 138). Jeder, der dort seine Waren anbot, zahlte dem Bischof 60 Pfennige pro Jahr für den Stand; die Einnahmen von sechs Ständen sollten für eine Ewiglichtstiftung im Dom verwendet werden. Die Besitzer der Stände durften sie an ihre Nachfahren vererben. Hier trieben wohl Handwerker aus der bischöflichen Grundherrschaft oder aus der Familia der Klöster und Stifte ihre Geschäfte. Sicherlich traten auch die geistlichen Institutionen selbst hier als Verkäufer in Erscheinung, um überschüssige Produkte aus dem Handwerk ihrer Klosterfamilia und Naturalabgaben ihrer Hintersassen zu vertreiben. Dieser Markt bestand sehr lange. Noch im 16. Jahrhundert bildet Lorenz Fries die Buden in seiner illustrierten Bischofschronik ab.

Die städtischen Handwerker

Immer deutlicher gewinnt auch das städtische Handwerk an Konturen. Dabei sind es nicht mehr nur einzelne Gewerbetreibende, wie es sie in jeder beliebigen Siedlung gab. Zusammenschlüsse und Spezialisierung ergeben im 12. Jahrhundert ein differenzierteres Bild einer lebendigen Handwerkerkultur.

Am Beginn standen die Schuhmacher. 1128 ließen sie sich von Bischof Embricho ihre althergebrachten Privilegien bestätigen. Ihr Zusammenschluss war demnach bereits früher erfolgt. Die Urkunde – eine der ältesten deutschen Gewerbeurkunden – nimmt die Schuhmacher gegen „fremde Richter" in Schutz. Dies könnte darauf hindeuten, dass ihr Wohlstand steuerliche Begehrlichkeiten königlicher Schultheißen erweckte. Der Bischof stellt dagegen klar, dass die Schuhmacher unter seinem besonderen Schutz stehen. Dafür gaben sie ihm jährlich an Martini einen kostbaren Fuchspelzmantel im Wert von 30 Schillingen, seinen beiden Schultheißen zwei Paar Kothurnen (hohe Schuhe) und versprachen feste jährliche Zahlungen an den Stadtkämmerer.

Ein neuaufgenommener Schuhmacher musste die hohe Gebühr von 30 Schillingen zahlen, wobei der größte Anteil dem „Consortium" der Kollegen verblieb, kleinere Zahlungen gingen an den bischöflichen Kämmerer, die Stadtschultheißen und an das Stift Neumünster. Auch eine Ewiglichtstiftung in der Gruft des Neumünsters bei den Reliquien der Heiligen Kilian, Kolonat und Totnan wurde aufgerichtet. Dies zeigt, dass die Schuhmacher neben der beruflichen Organisation mit eigener Kasse auch eine eigene Gebetsbruderschaft bildeten. In einer weiteren Urkunde von 1169 wird dann schon ein Zunftmeister namens Roger erwähnt; 16 namentlich genannte Schuhmacher sind als Zeugen für die maximal 20 Mitglieder der Zunft aufgeführt (Hoffmann, Polizeisätze Nr. 1 und 3).

Die feierlich in Gegenwart des Bischofs, des ganzen Domkapitels, zahlreicher Ministerialen und des Burggrafen übergebene Urkunde der Schuhmacher gilt als Beleg für die reichsweite Vorreiterrolle Würzburgs bei der Entstehung von Handwerkerverbänden. Noch waren diese hofrechtlich organisiert und an den Bischof gebunden. Im 13. Jahrhundert begannen sie sich jedoch aus dieser Rechtsbeziehung zu lösen. Sie werden schließlich zu den Trägern städtischer Freiheits- und Autonomiebestrebungen.

Auch wenn von anderen Gewerben derart frühe Zeugnisse wie bei den Schuhmachern fehlen, so gilt doch die Stadt als Heimat eines reich gegliederten Handwerks (Schich, S. 56–65). An verschiedenen Stellen innerhalb der Stadt oder auch in den Vorstädten wohnten Häcker und viele andere, die vom Weinbau lebten, sowie die Steinmetzen, Maurer und Bauarbeiter, die auf den zahllosen Baustellen der Stadt ihr Auskommen fanden.

Alte Straßenbezeichnungen deuten daneben auf geschlossene Bezirke einzelner Handwerke hin. Die heute noch so genannte Schustergasse zeugt von der Präsenz der Schuster zu den Seiten der Domstraße. In der Büttnergasse in der Nähe des Mains südlich der Brücke wurden die Holzfässer für den Weintransport hergestellt. Weinschröter, Weinmesser und Omenträger (Transporteure) lebten in der Nähe. Etwas nördlich der Brücke war ein großer Umschlagplatz für alle zu Wasser transportierten Güter. Bau- und Brennholz wurden hier angelandet. An dieser Stelle befand sich auch die „Kohlepforte" und das „Holztor". Dahinter siedelten am Main entlang beiderseits der Brücke alle Gewerbe, die in besonderem Maße vom Holz abhingen: In der Kärrnergasse lebten die Transportarbeiter, Schmiede und Kesselschmiede konzentrierten sich auf dem Gelände des späteren Franziskanerklosters (eine „Smidegaze" wird 1174 erwähnt: MB 37, Nr. 121). Die Wagner hatten eine eigene Gasse, wo heute die Neubaustraße ist.

Neben der natürlichen Entstehung von Handwerkersiedlungen zeigt auch die planmäßige Anlage von Gewerbezentren, dass im 12. Jahrhundert Handwerk und Gewerbe florierten. Der Platz in der Stadt, in der sich die geistlichen Institutionen ausbreiteten und Domherren und Ministerialen einen großen Hof nach dem anderen errichteten, wurde allmählich knapp. Feuergefahr und andere Gefährdungen der öffentlichen Ordnung führten zu einer planmäßigen Steuerung der Handwerkeransiedlung. So ließen sich etwa Metzger, Gerber und Gärtner bereits im frühen 12. Jahrhundert vor der nördlichen Stadtmauer in der Pleich nieder. Hier sorgten Pleichach und Kürnach für das reichlich benötigte Wasser und die etwas anrüchige Gerberei konnte die Nasen der vornehmeren Einwohner im Zentrum weniger belästigen. Auch zwei Mühlen standen hier.

Planmäßig wurden wohl auch die Wollener- oder Lodener in einer Gasse im Nordosten der Stadt in der Nähe des späteren Bürgerspitals angesiedelt, wo eigens Wasser durch den Graben geleitet werden konnte. In der „Semlergaze" vom Hauger Tor in Richtung Stadtmitte, die erstmals 1253 erwähnt wird, wurden wohl schon im 12. Jahrhundert die Bäcker untergebracht, die die Einwohner mit Brot und die zahlreichen Kleriker mit den beliebten großen, weißen Semmeln aus dem besseren Weizenmehl versorgten. Hier war es wohl die von den Bäckern stets ausgehende Feuergefahr, die zur geschlossenen Gewerbesiedlung führte. Noch heute ziehen alljährlich die Kreuzbergwallfahrer bei ihrer Rückkehr durch die Semmelgasse ein, wo sie mit Wein und Blootz zur „Zwiebelkirchweih" empfangen werden. Ebenfalls wegen Brandgefahr zogen die Schmiede im 12. Jahrhundert in die Vorstadt Sand.

→ **Blootz:** Fränkische Spezialität. Der Blootz ist ein großer flacher, dünn ausgerollter und im Holzofen gebackener Teigfladen. Mit Auflagen gibt es ihn in süßen (Zwetschgen, Äpfel) oder pikanten Varianten (Zwiebel, Lauch, Speck etc.).

So sehr wuchsen die Handwerkervorstädte, dass eigens neue Pfarreien geschaffen werden mussten. Während innerhalb des Mauerrings alleine die Dompfarrei die Seelsorge wahrnahm, errichtete im 12. Jahrhundert das Benediktinerkloster St. Stephan die Pfarrkirche St. Peter in der Sander Vorstadt. 1133 wurde für die Handwerker in der Pleich die Pfarrei St. Gertraud gegründet.

Die Entstehung der Bürgergemeinde

Kaufleute und Handwerker bilden schließlich gemeinsam den Kern der Bürgerschaft. Die erste Nennung von Bürgern fällt sogar schon in das 11. Jahrhundert. In der Übertragung der Leibeigenen eines gewissen Udalrich an die Würzburger Kirche treten neben Bischof, Domkapitel und Ministerialen erstmals Stadtbürger („cives urbani") als Zeugen auf: Adalrich, Richalm, Ruppold, Ruther, Ratolf, Richer und Heilo sind die ersten uns namentlich bekannten Würzburger Bürger (MB 37, Nr. 69).

Zwar bleibt dieses Zeugnis für längere Zeit ein Einzelfall, doch trugen während des 12. Jahrhunderts der zunehmende wirtschaftliche Erfolg der Kaufleute und die Ausbreitung der Handwerker in der Stadt zu einem Bewusstsein der Zusammengehörigkeit bei. Neben Königtum und Bischof verstanden sie sich als dritte, maßgebliche Kraft in der Stadt. So wie sich die Handwerker untereinander in Verbänden zur Wahrnehmung ihrer Interessen zusammenschlossen, werden sie auch als Bürger gegenüber Burggraf und Bischof gemeinschaftlich aufgetreten sein. Für den Bischof blieben sie freilich dem Stadtherrn untergeordnet: In einer Verkaufsurkunde von 1181 bezeichnete er einen gewisser Walther als „unseren Bürger" („burgensis noster", MB 37, Nr. 129). Immerhin tritt der Begriff jetzt regelmäßiger auf.

Wer genau zu jenem Kreis der Bürger gehörte, wissen wir heute nicht mehr. Jener exakt definierte Schwurverband, in dem der Bürger durch Eid und Bürgerrecht klar von den anderen Einwohnern einer Stadt geschieden wurde, wird erst im Spätmittelalter deutlicher. Irgendeine Form von Zusammenschluss kristallisierte sich jedoch im Laufe des 12. Jahrhunderts heraus: Seit 1195 gibt es ein Stadtsiegel mit der Umschrift „Wirciburg", das die Fassade des Doms zeigt. Es zählt neben Köln, Mainz und Trier zu den ältesten deutschen Stadtsiegeln. In ihm zeigt sich frühes bürgerliches Bewusstsein und der Anspruch, innerhalb der Mauern in den eigenen Angelegenheiten mitreden zu dürfen.

Ältestes Siegel der Stadt Würzburg aus dem Jahr 1195 (Stadtarchiv Würzburg)

Das Siegel ist Ausweis einer anerkannten Rechtsgemeinschaft. Eigene Statuten, Finanzhoheit und Strukturen gehörten dazu. Auch wenn von Räten, Bürgermeistern, Stadtrecht oder städtischen Steuereinnehmern noch nichts zu hören ist, so dürften doch in jenen Jahren erste Entwicklungen in diese Richtung eingetreten sein: Neben der königlichen und bischöflichen Stadt entstand die bürgerliche Gemeinde.

Noch war das Verhältnis von Bürgern und Bischof ungetrübt. Das Siegel der Stadt zeigt, dass die Bürger als äußerliches Identifikationsmerkmal bedenkenlos die Bischofskirche wählten. Schon auf dem zweiten Siegel von 1327 tritt die Mauer als bestimmendes Merkmal der Stadt neben die Kirche. Die Kämpfe um die Stadtherrschaft begannen erst ab der Mitte des 13. Jahrhunderts und hielten bis zur blutigen Niederlage der Bürger in der Schlacht von Bergtheim im Jahr 1400 an. Die Wurzeln dieser für Würzburg prägenden Auseinandersetzung liegen jedoch im Aufschwung der kommunalen Bewegung. Mit dem Wachstum der Bevölkerung war die Grundlage geschaffen. Das

Aufblühen von Handel und Gewerbe verschob die Gewichte in der Stadt. Mit dem Entstehen des Bürgertums war es nur noch eine Frage der Zeit, bis sich dies auch in Forderungen nach politischer Autonomie manifestieren sollte.

Der Bischof an der Spitze von Stadt und Klerus

Auch wenn der Einfluss von Kaufleuten, Handwerkern und Bürgern stieg, so bestimmte doch immer noch der Klerus maßgeblich die Geschicke der Stadt. „Ich sende Dir so viele Grüße, wie es Kleriker gibt in Würzburg", beginnt ein scherzhafter Brief an der Wende zur Neuzeit. Etwa fünf Prozent der städtischen Bevölkerung gehörten zur selben Zeit dem geistlichen Stand an. Im hohen Mittelalter werden es kaum weniger gewesen sein. Sein Anteil an politischer Macht und Grundbesitz innerhalb der Stadt und vor ihren Toren war noch weitaus höher.

An der Spitze des Klerus steht der Bischof. Im 12. Jahrhundert beginnt sich das Amt aus dem Zugriff des Königtums zu befreien. Das Wormser Konkordat hatte die Rechte des Domkapitels deutlich gestärkt. Zwar stammte auch in staufischer Zeit der Bischof noch gelegentlich aus dem unmittelbaren Umfeld des Königs. So war Gottfried von Spitzenberg (1186–1190) Hofkanzler Friedrich Barbarossas und Konrad von Querfurt (1198–1202) Kanzler Heinrichs IV. Mit dem 1190 gewählten Philipp von Schwaben liegt sogar der einmalige Fall vor, dass ein Würzburger Bischof später deutscher König wurde – der ursprünglich für die geistliche Laufbahn bestimmte Staufer gab noch vor der Weihe den Würzburger Bischofsstuhl auf.

Doch aufs Ganze gesehen, konnte das Domkapitel sein Wahlrecht durchsetzen. Aus seiner Mitte stammen die meisten der Würzburger Bischöfe des 12. Jahrhunderts. Die Zeit, in der Kaiser und Könige verdiente Mitglieder der Königskapelle auf den Würzburger Bischofsstuhl setzten, die weit entfernt liegenden Adelsgeschlechtern angehörten, war vorbei. Meist sind es fränkische, edelfreie Geschlechter, aus denen der Bischof von Würzburg hervorging, oder doch wenigstens fränkisch-schwäbi-

Epitaph Gottfrieds von Spitzenberg im Würzburger Dom. Die Inschrift lautet: „Gotefridus de Pisenburg, episcopus Herbipolensis, obiit anno 1190". Die Aufnahme von ca. 1915 zeigt das Epitaph noch ohne jene starken Zerstörungen, die das Grabmal seit dem 16. März 1945 entstellen.

sche, bestenfalls noch badische Dynastien. Den Grafen oder Herren von Henneberg, von Abenberg, von Truhendingen, von Leiningen, von Berg oder von Stühlingen gelang es, einen der ihren auf den Würzburger Bischofsstuhl zu bringen.

Der Bischof residierte mitten in der Stadt. Erst Konrad von Querfurt wird damit beginnen, den Marienberg zur festen Bischofsburg auszubauen. Im Zeichen der zunehmenden Konflikte mit Zünften und Bürgern werden seine Nachfolger sich ab der Mitte des 13. Jahrhunderts regelmäßig hinter die festen Mauern auf dem Marienberg zurückziehen. Doch im 12. Jahrhundert steht der Bischof noch in täglichem, unmittelbarem Kontakt mit allen Kräften der Stadt, sei es die weltliche, sei es die geistliche Führungsschicht. Seine stete Präsenz förderte Ansehen und Stellung, seine Fäden reichten als Herr über das Bistum und über einen enorm weit gespannten weltlichen Besitz tief in das Land hinein. Zum König stand er meist in bester Beziehung – im Dienst des Reichs musste er freilich auch regelmäßig längere Abwesenheiten in Kauf nehmen.

Auch über den Tod hinaus blieb der Bischof in der Mitte der Stadt und im Herzen des Bistums. Er gehörte dauerhaft jener Gemeinschaft der Lebenden und der Toten an, die das Mittelalter in besonderer Weise auszeichnet. Im Dom wurde er begraben, Jahrtagsstiftungen und regelmäßige Messen erinnerten an sein Wirken. Seit Gottfried von Spitzenberg vergegenwärtigen auch offen im Dom aufgestellte, monumentale Epitaphien Gottesdienstbesuchern und Amtsnachfolgern die Person und das Amt der Verstorbenen. Auch wenn Gottfried 1190 auf dem Kreuzzug kurz nach Friedrich Barbarossa starb und tatsächlich in Antiochia begraben wurde – sein Epitaph blieb in seiner Kirche bis heute präsent. Mit dem 14. Jahrhundert beginnt schließlich eine ununterbrochene Reihe von Bischofsgrabmälern, wie sie höchstens noch im Mainzer Dom eine Parallele findet.

Das Domkapitel

Nach dem Bischof bildet das Domkapitel die engere Elite der Klerikerstadt. Seit den Anfängen des Bistums nennen sich seine Mitglieder „Fratres Sancti Kiliani“, die Kiliansbrüder. Sie verstehen sich als Wahrer von Rechten und Besitztümern des Heiligen Kilian. Ihre Hauptaufgabe war es, den Bischof bei der feierlichen Liturgie sowie bei der Verwaltung der stets anwachsenden weltlichen und geistlichen Angelegenheiten zu unterstützen. Vor allem aber wählt das Domkapitel den Bischof, ein Recht, das es nach dem Investiturstreit immer öfter ohne königlichen Einfluss wahrnehmen konnte. Immer öfter wählte es daher auch einen Bischof aus seiner eigenen Mitte. Neben der Wahl kümmerte es sich um die Finanzen des Hochstifts, um Besitzverwaltung, Dombau und Unterhalt, Seelsorge, Bildung und soziale Angelegenheiten.

Ursprünglich zählten alle an der Domkirche wirkenden Kleriker zu den Kiliansbrüdern. Im 12. Jahrhundert hatte sich das Domkapitel aber bereits nach außen abgeschlossen. Das Kapitel bestimmte selbst, wer in seine Reihen aufgenommen wurde. In manchen bischöflichen Urkunden werden die Kapitelherren in großer Zahl als Zeugen aufgeführt: 24 oder 28 Mitglieder treten hier gemeinsam bei Rechtsakten auf. Höchstens werden es wohl 32 Domherren gewesen sein.

Einige der Domherren sind noch durch besondere Funktionen hervorgehoben. Der Propst stand dem Kapitel vor und verwaltete das Vermögen. Es bestand aus Grundbesitz in der Stadt, in den Dörfern und Liegenschaften in der Umgebung, einzelnen Rechten und Abgaben bis hin zu ganzen Pfarreien. 1158 wurde dem Kapitel etwa die reiche Pfarrei Volkach samt deren Einnahmen und Zehnten inkorporiert. So entstand ein stetig wachsender Bestand an Besitzungen, aus dem das Kapitel seinen Unterhalt bestritt.

Nach dem Propst sorgte der Dekan für die geistliche Aufsicht. An dritter Stelle stand der Scholaster. Er leitete die Domschule. Hier wurden zehn bis 15 Knaben auf die geistliche Lauf-

Sogenanntes Kiliansevangeliar, Pergamenthandschrift aus dem späten 6. Jahrhundert, angeblich aus dem Besitz Kilians und 752 in seinem Grab gefunden. Kostbarstes Stück aus der Dombibliothek für besonders feierliche Gottesdienste von Bischof und Domkapitel, um 1090 in Bamberg mit einem neuen, edelsteingeschmückten Einband versehen (Universitätsbibliothek Würzburg).

bahn oder den Eintritt in eine der größeren Kathedralschulen, später die Universitäten, vorbereitet. Ein Teil der Schüler wurde auch für den späteren Dienst im Domkapitel ausgebildet, andere lernten die Grundlagen der schriftlichen Verwaltungspraxis und konnten in den weltlichen Dienst des Hochstifts aufrücken. Einige berühmte und hochgelehrte Männer versahen im 12. Jahrhundert dieses Amt. Lateinische Grammatik, Logik und Dialektik wurden hier unterrichtet sowie Mathematik, Astronomie, Geometrie und Musik. Die Schüler versahen auch Chordienst im Dom. Der Scholaster verwaltete eine eigene Bibliothek, von der heute noch Reste in der Handschriftensammlung der Universitätsbibliothek erhalten sind.

Im 11. Jahrhundert gehörte die Würzburger Domschule zu den berühmtesten Bildungsstätten des Reichs. Hier wurde auch das sogenannte Zahlenkampfspiel erfunden, wahrscheinlich sogar von Bischof Adalbero. Mit einem Brett, auf dessen Feldern ein Zahlensystem eingezeichnet war, und Spielsteinen wurden mit Hilfe komplizierter mathematischer Operationen Steine und Zahlenwerte des Gegners umsponnen, bis er aktionsunfähig war. Es wurde zum intellektuellen Zeitvertreib der Kleriker und zum Pendant des eher adligen Schachspiels. Bis in die Barockzeit wurde das Zahlenkampfspiel in ganz Europa gespielt; heute ist es fast ganz vergessen. Die Schüler der Domschule lebten gemeinsam mit den Domherren im Bruderhof, ähnlich den Novizen eines Klosters. Die heutige Domschule dient zwar eher der offenen Erwachsenenbildung, befindet sich aber noch am gleichen Ort.

Nach Propst, Dekan und Scholaster kam dem Kantor das viertwichtigste Amt zu. Er plante und leitete den feierlichen Gottesdienst in der Bischofskirche. Der Custos bewahrte und verwaltete den Domschatz, die kostbaren Gewänder für die Liturgie, die bischöflichen Insignien, die Meßgefäße aus Gold und Silber sowie die kostbaren Pergamenthandschriften der Dombibliothek, die für die Messe und zur theologischen Bildung der Kiliansbrüder gebraucht wurden. Auch das Siegel des Domkapitels, Nachweis seiner Rechtsfähigkeit, bewahrte er auf.

Der Cellerar (Kellermeister) bewahrte und verteilte die Einnahmen des Hochstifts. Das war nicht wenig. Aus dem Jahr 1189 ist die Menge an Getreide überliefert, das als Abgabe oder aus Eigenbau eingenommen und überwiegend in den Kellern des Domkapitels sowie auf den Burgen des Hochstifts aufbewahrt wurde: 1.035 Malter Roggen, 555 Malter Weizen und 49 Malter Hafer, das sind umgerechnet ca. 130 t des einfachen Brotgetreides, 70 t des besseren Weizens und 3,5 t des als Pferdefutter verwendeten Hafers. Was an Wein, Eiern und Fleischprodukten einkam, wird ähnlich beeindruckende Dimensionen angenommen haben.

Gelegentlich wird in den Urkunden auch ein Portenarius (Pfortenmeister) genannt. Er hatte bei jedem Gottesdienst am Lettner oder an der Pforte zum Chor zu stehen, den Eingang zu diesem nur dem Domklerus vorbehaltenen Bereich zu überwachen und zu verzeichnen, welche Domherren den Gottesdienst besuchten. Diente die Messe nämlich dem Gedenken an einen verstorbenen Mitbruder oder einen weltlichen Gönner, der hierfür eine Jahrtagsstiftung aufgerichtet hatte, wurden den Teilnehmern Gelder (Präsenzreichnisse) ausbezahlt. An anderen Kollegiaten heißt das Amt auch Punctator: Vermutlich machte der Pfortenmeister auf einer Liste hinter jedem Namen ein Pünktchen, wenn der jeweilige Domherr zum Gottesdienst erschienen war. Der Dompfarrer, dem die Seelsorge für die städtische Bevölkerung oblag, der Landrichter, Archidiakone und Offizial waren weitere, herausgehobene Mitglieder des Domkapitels. Alle Kiliansbrüder besaßen die niederen Weihen, die meisten waren wenigstens Diakone. Nur ein kleiner Teil hatte auch die Priesterweihe erhalten.

Seit dem Ende des 9. Jahrhunderts, als die erste Bischofskirche vom Marienberg nach St. Burkard auf der linken Mainseite und schließlich an den heutigen Ort verlegt wurde, lebten die Domherren einer klösterlichen Gemeinschaft nicht unähnlich an einem Ort in der werdenden Stadt zusammen. Gleich hinter dem Dom, am südlichen Ende des Kreuzgangs stand der Bruderhof. Dort hatten sie gemeinsame Wohnung, gemeinsamen Tisch, dort wurden auch der Besitz und die Einkünfte der Domherren gemeinschaftlich verwaltet.

Doch im 12. Jahrhundert veränderten sich Zusammensetzung, Lebensweise, und Auftreten des Domkapitels. Lorenz Fries schreibt im 16. Jahrhundert, dass bereits unter Bischof Megingaud im 8. Jahrhundert unter den 50 Domklerikern viele von hoher adliger Abkunft waren. Für einen Teil des Domkapitels mag dies auch für den Beginn des 12. Jahrhunderts gelten. In den Urkunden dieser Zeit wird die Herkunft aber noch nicht deutlich. Wo die Kapitelherren als Zeugen unterschrieben, benutzten sie nur ihre Amtsbezeichnung und ihre Vornamen. Damit traten sie auch nach außen hin als Kollegium gleichrangiger Brüder in Erscheinung. Mit Fortschreiten des Jahrhunderts änderte sich dies jedoch. Spätestens ab den 1160er Jahren wurden Herkunftsbezeichnungen und adlige Abkunft in den Vordergrund gerückt. Entferntere, meist aber im Bereich des Hochstifts angesiedelte Grafengeschlechter waren im Kapitel vertreten. Die Grafen von Henneberg hatten mehrere Vertreter in das Kapitel gebracht, auch die Grafen von Kalw, von Leiningen, von Truhendingen, von Spitzenberg oder von Abenberg sind darunter. Edelfreie oder Herren von Bischofswinden, Sonnenfeld, Höchheim, Entsee, Marmelstein, Mühleberg, Vroburg, Crautheim, Bebenburg, Schillingsfürst, Hohenlohe, Zimmern, Trimberg, Öttingen und viele mehr finden sich unter den Domherren.

Noch war das Kapitel nicht ständisch streng abgeschlossen. So gelang etwa einem Würzburger Bürger wie dem Sohn eines der Schultheißen oder dem Hauskaplan des Burggrafen Berthold von Henneberg der Eintritt. Doch scheinen dies bereits erwähnenswerte Sonderfälle zu sein, die ohne besondere Protektion nicht mehr möglich gewesen wären. Das Kapitel, das selbst bestimmen durfte, wer auf freiwerdende Stellen nachrückt, wachte immer strenger über die Abkunft. Es dauerte noch bis in die Zeit um 1300, bis adlige Abkunft zwingende Voraussetzung für Domherren war. Der Anteil adliger Domherren stieg jedoch im 12. Jahrhundert deutlich an und auch in den Urkunden lassen sich gegen Ende des Jahrhunderts immer mehr Kapitulare mit Herkunfts- oder Geschlechtsbezeichnungen titulieren (zum Beispiel MB 37, Nr. 152 von 1195). Nicht mehr die homogene Gemeinschaft der Kiliansbrüder, sondern das Kollegium hochrangiger Einzelpersönlichkeiten mit Amt und Abkunft steht bei Selbstverständnis und Außendarstellung im Vordergrund.

Politische und wirtschaftliche Interessen verursachten diesen Wandel. Immer öfter wurden die nachgeborenen Söhne regionaler Grafen und Herren, die für den Erhalt der Dynastie nicht unmittelbar gebraucht wurden, für eine geistliche Laufbahn vorgesehen. Man gab sie zunächst zur Ausbildung in die Domschule. Die bereits im Kapitel sitzenden Standesgenossen protegierten dann die Aufnahme. Damit ließ sich dann die Territorialpolitik des Hochstifts beeinflussen, die nicht selten mit der einzelner Grafen und Herren im Konflikt stand. Der weltliche Adel konnte so in wichtigen kirchlichen Fragen mitbestimmen. Umgekehrt konnte aber auch der Bischof bis zu einem bestimmten Grad Adelsgeschlechter, die in seinem Kapitel saßen, in den territorialen Aufbau des Hochstifts integrieren.

Auch wirtschaftlich war eine Kapitelstelle attraktiv. Der Gesamtbesitz des Domkapitels wurde im Laufe des 12. Jahrhunderts aufgeteilt, vom Besitz des Bischofs deutlich getrennt und dem Unterhalt der einzelnen Stellen (Präbenden, Pfründen) zugewiesen. Jeder Domherr bezog damit beträchtliche Einkünfte. Diese konnten noch vermehrt werden, indem sich das Kapitel weitere einnahmeträchtige geistliche Stellen in der Stadt für ihre Mitglieder reservierte. Die im Spätmittelalter so heftig kritisierte Pfründenhäufung kündigt sich hier an. So legte Bischof Reginald von Abenberg (1171–1186) im Jahr 1183 fest, dass die Propsteien der Stifte Haug, Ansbach, Neumünster sowie sämtliche Archidiakonate des Bistums ausschließlich

Domherren übertragen werden durften (MB 37, Nr. 133). Damit wurden den Domherren neue, lukrative Einnahmequellen erschlossen und zugleich konnte das Kapitel seinen Einfluss auf die Stifte, auf deren Stellen, Einnahmen und Territorialpolitik im Sinne des Hochstifts stärken.

→ **Präbende, Pfründe** (lat. praebenda = Unterhalt): ursprünglich Schenkung, im Mittelalter Einkommen aus einem geistlichen Amt in Form von Verköstigung und Unterhaltszahlungen, das aus dem Vermögen einer Korporation oder einer Stiftung geleistet wird.

Reichtum und zunehmendes Standesbewusstsein des Domkapitels vertrugen sich schließlich nicht mehr mit dem asketisch-mönchsartigen Gemeinschaftsleben im Bruderhof. Die gemeinsamen Mahlzeiten im Bruderhof, die noch 1113 erwähnt werden, fanden nicht mehr statt. Die Domherren begannen, im Schutz der Mauer südlich und östlich des Domes neue, repräsentative Höfe zu errichten. Bereits 1106 wurde festgelegt, dass jeder Kanoniker das Haus, das er besitzt, frei einem Mitbruder oder seinem Kollegium veräußern darf (MB 37, Nr. 74). Damit befand sich das ursprüngliche gemeinsame Leben („vita communis") des Domkapitels in Auflösung. Man kam nur noch zu den Kapitelsitzungen im Bruderhof zusammen, wohnte aber ansonsten in einem adligen Standesbewusstsein entsprechenden Stadthof. Dieser wurde aus Stein erbaut und mit einer festen Mauer umgeben, die ein Hauptgebäude mit eigener Kapelle, Nebengebäude für Bedienstete, einen Garten und Wirtschaftsgebäude umfasste.

Die Höfe trugen die Namen der adligen Besitzer. Damit änderte ein Teil der Stadt sein Gesicht. Ein geistliches Viertel entstand, in dem Kaufleute, Handwerker und Bürger keinen Einfluss mehr besaßen. Die Stadt teilte sich auch räumlich in verschiedene Sphären auf. Der Klerikerbesitz blieb auch fest in der Hand des Klerus; ein Übergang von Grund- und Hausbesitz in diesem Teil der Stadt in weltliche Hände war nahezu ausgeschlossen. So entstand durch weiteren Kauf oder durch Schenkungen ein stets wachsender Prozentsatz von Grundbesitz innerhalb der Stadt in den Händen der verschiedenen klerikalen Gemeinschaften.

Ganz Ähnliches geschah, in kleinerem Maßstab, in den anderen Stiften der Stadt. Auch im Stift Haug oder im Neumünsterstift saßen Kapitelherren, die an Wohlstand und Einfluss gewannen. Und auch dort stieg der Anteil an Kapitelherren adliger Herkunft. Innerhalb der Stadt und im Nordosten vor der Stadt am Hauger Tor wurden weitere Höfe der Kapitelherren errichtet. Mit deren Familia, den Dienern, Handwerkern und Klosterabhängigen entstanden neue Viertel und es stieg der Anteil der Bevölkerung, die mittelbar oder unmittelbar den geistlichen Institutionen der Stadt angehörte.

Amtsleute und Ministerialen

Eine neue und einflussreiche Schicht in der Stadt bildeten die Ministerialen. Dem Ursprung nach waren dies Amtsleute, Bedienstete in beamtenartiger Stellung, die im Auftrag der jeweiligen Herrschaftsträger Aufgaben in der zivilen Verwaltung oder im Militärwesen wahrnahmen. Sie besaßen ein eigenes Recht und galten nicht als Freie. In Würzburg gab es sie gleich zweifach: als königliche und als bischöfliche Ministerialen. So benötigte der Burggraf als königlicher Amtsträger einen stets wachsenden Apparat, der sich um Mauer und Bewaffnung, um Aufsicht über Markt und Gewerbe, um Zölle und das Münzwesen kümmerte. Sein Amtssitz war der Hof zum Katzenwicker, der an der Spitze des Mauerfünfecks eine herausgehobene Stellung in der Verteidigung der Stadt besaß. Auch der Bischof bestellte eigene Ministerialen; bischöfliche Schultheißen für den Dombezirk und die Handwerkersiedlung übten in seinem Auftrag Banngewalt und Gerichtshoheit aus. Mit dem Rückgang des königlichen Einflusses in der Stadt stieg auch Zahl, Aufgabenbereich und Bedeutung der bischöflichen Ministerialen.

Um ihre Ämter wahrnehmen zu können, wurden ihnen Einnahmen und Güter zugewiesen, aus denen sie ihren Unterhalt bezogen. Sie wurden damit, zunächst noch in bescheidenem Umfang, Lehensnehmer und gewannen dadurch Anschluss an das adlige Lehenswesen. Diese Amtslehen blieben aber noch an Person und Amt gebunden; bei einem Amtswechsel verlor der Träger auch das zugehörige Lehen. Um ihren Status zu halten, trachteten die Ministerialen danach, ihre Söhne in die Amtsnachfolge einrücken zu lassen. In den Zeugenlisten der Urkunden, wo die Ministerialen, streng von den Freien, den „Liberi", geschieden, als geschlossene Gruppe auftreten, werden sehr oft Vater und Sohn gemeinsam genannt. So bekam der Sohn, auf dessen solide Ausbildung an der Domschule oder einer der Stiftsschulen streng geachtet wurde, mit dem Amt auch das damit verbundene Amtsgut des Vaters. Die Ämter und mit ihnen die Lehen wurden so bald erblich. Damit gelang den Ministerialen ein weiterer Schritt: Sie begannen Dynastien auszubilden, die in den folgenden Jahrhunderten auch aus der Unfreiheit heraustraten und Anschluss an den Adel fanden. An Reichtum und Wohlstand übertrafen sie in der Stauferzeit nicht selten alte adlige Familien.

In Würzburg wird die Rolle der Ministerialen im 12. Jahrhundert sehr deutlich. Einige berühmte Namen beeinflussten die Geschichte der Stadt und prägten auch deren Topographie mit. Die bedeutendste Familie benannte sich nach dem Markt „de Foro", eine andere führte sogar ihren Reichtum direkt im Namen: „Dives" (= reich, wohlhabend). Auch sie erbauten repräsentative Höfe mit romanischen Giebelhäusern in Steinbauweise, Ummauerung und Nebengebäuden als Amts- und Familiensitze. Der Schultheiß Billung de Foro (1137 – 1176) errichtete eine solche romanische Wohnanlage an zentraler Stelle, direkt am Ende der Mainbrücke. Amt und Hof übernahm sein Sohn Eckehard (1164 – 1199), der außerdem noch als Vicecomes Stellvertreter des Burggrafen war. Man nannte ihn bald nur noch „den Grafen". Von ihm erhielt der Hof schließlich den Namen

Wenzelsaal im Hof zum Grafeneckart, um 1200 erbauter romanischer Repräsentationsraum im Sitz des Stellvertreters des Burggrafen (Vicecomes) und Schultheißen aus dem Ministerialengeschlecht de Foro, seit 1316 Rathaus (Stadtarchiv Würzburg)

„Grafeneckart". Im 14. Jahrhundert kaufte die Bürgergemeinde den Hof, um darin ihr Rathaus unterzubringen.

Auch andere Ministerialen bauten sich Höfe. Sie erstreckten sich vom Markt ausgehend bis in die heutige Augustinerstraße. Die Größe der Domherrenhöfe erreichten sie nicht. Dennoch bestimmten sie, deutlich unterscheidbar von den kleineren und meist noch in Holzbauweise gehaltenen Handwerker- und Bürgerhäusern, das Gesicht der Stadt mit. Die Ministerialen bildeten bald die Spitze der sich entwickelnden Stadtgemeinde. Durch Amtsfunktion und Reichtum ergab sich eine enge Verflechtung mit den wirtschaftlichen Eliten der Stadt. Gemeinsam mit ihnen bildeten sie den Kern der mächtigsten Familien der weltlichen Sphäre, ein beginnendes Patriziat, welches das Marktgeschehen kontrollierte, beeinflusste und von ihm profitierte.

DIE JÜDISCHE GEMEINDE IM 12. JAHRHUNDERT

Zu Beginn des 12. Jahrhunderts ließen sich die ersten Juden in Würzburg nieder. Sie stammten vermutlich aus Mainz und anderen rheinischen Städten, aus denen sie wegen der Pogrome im Gefolge des ersten Kreuzzuges geflohen waren. In Würzburg, einer Stadt mit starker königlicher Präsenz und einem Bischof, der an der wirtschaftlichen Entwicklung seines Bischofssitzes interessiert war, erhofften sie sich, eine neue Lebensgrundlage aufbauen zu können. Die Voraussetzungen waren günstig: Bevölkerungsanstieg, hinreichender Platz für Siedlung innerhalb der Mauern, Aufschwung von Handel und Gewerbe sowie gute Verkehrsverbindungen boten ausgezeichnete Betätigungsmöglichkeiten.

Pogrom von 1147

Über die ersten Jahrzehnte der jüdischen Gemeinde liegen keine Quellen mehr vor. Es spricht jedoch alles für einen raschen und gedeihlichen Aufschwung in einem guten Miteinander von Gemeinde, Herrschaft und christlichem Umfeld. Dies änderte sich schlagartig im Jahr 1147. Nach dem Fall von Edessa im Dezember 1144 hatte Papst Eugen III. zum Zweiten Kreuzzug aufgefordert. Bernhard von Clairvaux unterstützte das Anliegen mit glühenden Predigten. Auch König Konrad III. nahm das Kreuz. Im Herbst 1146 sammelte sich das Heer. Im Gefolge der Kreuzzugspredigten war ein Zisterziensermönch namens Radulf im Rheinland mit Hasspredigten gegen Juden aufgetreten. Obwohl der Papst sämtliche Angriffe auf Juden untersagte und Bernhard den Mönch wieder ins Kloster zurückschickte, war das Unheil nicht mehr aufzuhalten. Ein radikalisierter Mob von vorgeblich christlichen Kreuzrittern zog durch die Städte des Reichs und erschlug überall die Juden.

Im Februar 1147 kamen die Kreuzfahrer nach Würzburg. Möglicherweise solidarisierte sich ein Teil der ansässigen Bevölkerung mit dem judenfeindlichen Haufen. Ein Fund von Leichenteilen im Main lieferte den Vorwand, den Juden einen Ritualmord anzulasten: Angeblich würden sie alljährlich zur Osterzeit in Verhöhnung der Passion Christi einen unschuldigen christlichen Knaben opfern. Die Würzburger Annalen des 12. Jahrhunderts berichten von dem folgenden Pogrom: *„… da sie dies den Juden anlasteten, wurden sowohl die Bürger als auch die Kreuzfahrer von einem plötzlichen Zorn ergriffen, brachen in die Häuser der Juden ein und töteten unverzüglich ohne Mitleid Alte und Junge, Frauen mit Kindern. Wenige retteten sich durch Flucht, noch weniger ließen sich in der Hoffnung auf Rettung taufen, die wenigsten verblieben in dem (neuen) Glauben, nachdem wieder Friede eingekehrt war“* (MGH SS 16, S. 3 f.).

22 Juden fanden dabei den Tod. Die Gemeinde musste also schon eine beträchtliche Größe erreicht haben. Dass unter den Toten auch drei Rabbiner, ein Sofer (Schriftgelehrter) und sein Schüler waren, zeigt, dass sich bereits gemeindliche Strukturen ausgebildet hatten. Der Bischof und seine Amtsträger hatten das Massaker zu verhindern versucht, mussten aber vor dem erhitzten und bewaffneten Mob kapitulieren. Vereinzelt versuchten auch Bürger, Juden zu schützen und zu verstecken. Davon zeugt ein seltener Bericht, der das Geschehen aus jüdischer Perspektive schildert. Efrajim ben Ja'aquv aus Bonn beschreibt das Massaker mit den Worten: *„Daraufhin erhoben sich die ir-*

Judenpogrom in Würzburg 1147 nach den Hetzpredigten des Mönchs Radulf, Fries-Chronik (Stadtarchiv Würzburg, Ratsbuch 412, fol. 100v)

renden und der Pöbel, sich über solchen Unsinn freuend, und erschlugen die Juden. Der heilige R. Isac, Sohn des R. Eljakim, ein bescheidener sanftmütiger und ausgezeichnet edler Mann wurde damals über seinem Buch sitzend umgebracht und noch 21 Personen mit ihm. Unter ihnen befand sich dort ein hebräischer Knabe, ein fleissiger Schüler des R. Schimeon bar Isac; er erhielt zwanzig Verwundungen und lebte danach noch ein ganzes Jahr. Dessen Schwester schleppte man in die Kirche, um sie zu taufen; sie aber heiligte den göttlichen Namen und spie auf das Kreuz. Da schlug man sie mit Steinen und mit den Fäusten … Dann kam eine christliche Wäscherin, die sie in ihr Haus trug und dort verbarg. So wurde sie gerettet. Die anderen Juden hatten sich in die Höfe ihrer Nachbarn geflüchtet, des folgenden Morgens flohen sie in die Festung Stuhlbach. Gelobt sei der Herr, der ihnen Rettung verschaffte. Ach meine Seele ist betrübt, schmachtet wie ein lechzendes Reh, nach den Erschlagenen Würzburgs! … Am folgenden Morgen befahl der Bischof, alle Erschlagenen Frommem nebst deren abgehauenen Körperteilen … auf Wagen zu sammeln. Er ließ sie reinigen, mit Öl salben und in seinem Garten begraben. Später kauften R. Chiskiahn, Sohn des R. Eljakim, und seine Frau Judith jenen Gar-

ten dem Bischof ab und bestimmten ihn ganz zu einem Begräbnisplatz" (Neubauer, Hebräische Berichte, S. 192–194).

Die Juden hatten demnach mitten in der Stadt zwischen ihren christlichen Mitbürgern gewohnt. Sie teilten mit Kaufleuten und Handwerkern die vorteilhafte Nähe zum Markt. Welchen Gewerben sie nachgingen, wissen wir nicht. Als Spezialisten für den Fernhandel und das Kreditwesen waren sie in der aufblühenden Stadt am Main an der richtigen Stelle. Ihren ersten Friedhof hatten sie ebenfalls mitten in der Stadt. Bereits seit Beginn des 12. Jahrhunderts begruben sie ihre Toten im „Judenkirchhöflein", das sich an der Ecke der heutigen Blasiusgasse zum Schmalzmarkt befand.

Auch nach dem Pogrom gab der Haufen noch keine Ruhe. Die Anführer traten an den Bischof heran und forderten, er solle das angeblich von den Juden erschlagene Opfer kanonisieren. Doch der Bischof weigerte sich, mit einer solchen Heiligsprechung dem Pogrom auch noch eine kirchliche Rechtfertigung zu liefern. Die erzürnten Kreuzfahrer wurden daraufhin sogar dem Bischof gegenüber handgreiflich. Er wurde bedroht und zusammen mit seinem Domkapitel im Dom eingeschlossen. Die heilige Stätte gewaltsam einzunehmen, wagte der Haufen dann doch nicht. Erst in der Woche nach Ostern 1147 zogen die Kreuzfahrer weiter (um im Herbst desselben Jahres eine vernichtende Niederlage gegen die Seldschuken zu erleben).

→ **Seldschuken:** Mittelasiatischer, islamischer Volksstamm mit Zentrum in Persien und Turkestan, benannt nach der führenden Dynastie der Selguqen, die als Kalifen mit Sitz in Bagdat gegen die christlichen Staaten in Armenien und Georgien, sowie gegen die Kreuzfahrerheere in Syrien und im Heiligen Land kämpften.

Der jüdische Friedhof

Nach dem Abzug der Kreuzfahrerhorde kehrte wieder Ruhe ein. Bischof Siegfried von Truhendingen (1146–1150) ließ die Körper der Getöteten einsammeln, balsamieren und in seinem Garten in der Pleich bestatten. Dies ist nicht nur als Geste der Barmherzigkeit oder als Ausgleich für das Versagen seiner Schutzpflicht gegenüber den Juden zu werten. Er dokumentierte damit auch, dass ihm weiterhin an einer funktionierenden Judengemeinde in der Stadt gelegen war.

Mit dem Kauf des Geländes durch den wohlhabenden Efrajiim bar Jaaqov Rabbi Chisquijja zusammen mit seiner Frau Judit bekundeten auch die überlebenden Juden, dass sie in Würzburg zu bleiben beabsichtigten. Der Friedhof, der noch in Stadtansichten des 16. Jahrhunderts deutlich ausgewiesen ist, wurde bis zum größten Würzburger Judenpogrom im Gefolge der Pest 1348 intensiv genutzt. Er lag etwas außerhalb der Mauern in einem Baumgarten zwischen einem Seitenarm der Pleichach und der Kürnach, über die eine kleine Brücke den Zutritt ermöglichte.

Erst im späten Mittelalter, spätestens 1579 durch Bischof Julius Echter, dem als Gegenreformator aus Gründen konfessioneller Einheitlichkeit an einer Austreibung der Juden aus dem Hochstift gelegen war, wurde der Friedhof zerstört. Beim Bau seines Juliuspitals wurden die Steine als Baumaterial verwendet. Schon im 19. Jahrhundert kamen bei Umbauarbeiten immer wieder einzelne Grabsteine ans Licht. Den größten Fund brachte jedoch 1987 der Abriss der Landelektra in der Pleich, in der sich noch Mauerbestandteile des spätmittelalterlichen Dominikanerinnenklosters St. Marx befanden. Dabei konnten über 1.500 jüdische Grabsteine und Fragmente aus den Jahren zwischen 1126 und 1346 geborgen werden, die einen vorzüglichen Einblick in Namen, Ämter und Viten der mittelalterlichen Würzburger Judengemeinde geben. Sie werden heute im 2006 fertiggestellten jüdischen Gemeindezentrum „Shalom Europa" in der Valentin-Becker-Straße aufbewahrt und vielfach wissen-

Der Mein
Katzñ wiker
Reñweg

schaftlich untersucht. Es handelt sich dabei immerhin um die größte Hinterlassenschaft eines mittelalterlichen jüdischen Friedhofes in Europa, der auch vom weiteren Aufblühen der Gemeinde nach dem Pogrom von 1147 kündet.

Grabstein der Channah, gest. 1154, Tochter des berühmten Rabbiners Eli'eser ben Nathan und Mutter des später ebenfalls international berühmten Rabbiners Eli'eser ben Jo'el hal-Levi. Sie gehörte vermutlich zur ersten Generation in Würzburg ansässiger Juden und hatte den Pogrom von 1147 überlebt. (Jüdisches Museum Shalom Europa)

Der Aufschwung der jüdischen Gemeinde

Nach dem Pogrom, der offenbar nur einen Teil der jüdischen Gemeinde vernichtet hatte, ging der weitere Aufschwung ab ca. 1150 rasch vonstatten. Immer öfter erwarben Juden Grundstücke innerhalb der Stadt. Eine ganze Reihe von Urkunden belegt, dass sie sich dabei des Schutzes kirchlicher Institutionen auf die gleiche Art versicherten wie die Christen. Ihre Häuser besaßen sie dann in der Form der Erbleihe. Das bedeutet, dass beim Kauf das Eigentum an den Bischof, das Domkapitel oder an eines der Stifte der Stadt förmlich übertragen wurde. Im Gegenzug wurde ihnen durch den neuen Obereigentümer freie Nutzung, Verkauf oder Vererbung gegen einen geringen jährlichen Zins zugesichert. Dies schuf Sicherheit, denn durch den urkundlich dokumentierten Akt waren die christlichen Institutionen für den rechtlichen Schutz des jüdischen Besitzes verantwortlich. Gelegentlich zogen die jüdischen Käufer auch einen sogenannten Salmann zu, also einen voll rechtsfähigen Christen, der an ihrer

Ausschnitt aus der Stadtansicht von Sebastian Münster, Cosmographia, 1550. Der Jüdische Friedhof befindet sich rechts der Bildmitte und ist mit einem X markiert. Im hohen Mittelalter war er noch nicht in die Mauer einbezogen. Sie verlief, noch gut erkennbar, links des Friedhofs hinter der Kürnach. In der Legende ist auch der Platz vor der Marienkapelle, am linken Rand oberhalb der Mitte, mit A bezeichnet, als Judenplatz genannt.

Stelle das Geschäft abwickelte. Das Vertrauen in die christliche Umwelt war also nach wie vor groß.

Der bedeutendste Kauf fällt in das Jahr 1170. Das Ehepaar Samuel und Guta erwarb von einem Christen einen größeren Platz um den „Rigol", ein Sumpfgebiet an der Stelle des heutigen Marktplatzes mit unmittelbarem Zugang zum Markt in der Domstraße (MB 37, Nr. 96). Hier konzentrierte sich in den folgenden Zeiten jüdisches Leben. Dort stand bereits die Synagoge („scola Judeorum"), und zahlreiche weitere Juden ließen sich auf diesem Areal nieder. Ein abgeschlossener Bezirk entstand damit jedoch nicht. Auch Christen wohnten zwischen den Juden, und umgekehrt erwarben Juden auch an anderer Stelle der Stadt Grund und Boden.

Nach dem Pogrom von 1348 wurde dieser Platz eingeebnet; Markt und Marienkapelle entstanden darauf. Bis zum Bau der Marktgarage im Jahr 1970 hätte damit noch die Chance bestanden, die Grundmauern eines der lebendigsten Judenviertel des Mittelalters archäologisch zu untersuchen. Doch die allzu konsequent durchgeführten Ausschachtungsarbeiten haben diese Befunde unwiederbringlich zerstört. Die Fläche war vollständig mit romanischen und gotischen Mauern durchzogen, einiges stand auch auf Holzpfählen, was zeigt, dass die Wohnsiedlung auch zugunsten des alten Sumpfes erweitert wurde. Eine Plangrabung fand aber nicht statt; es gibt nicht einmal notdürftig aufgenommene Grundrisse.

Die Absicherung der Käufe durch christliche Institutionen sorgte dafür, dass wir bis heute recht gut über jüdischen Grundbesitz in der Stadt informiert sind. Denn anders als bei den weltlichen Herrschaftsträgern wurden Rechtsgeschäfte hier häufig in urkundlicher Form niedergelegt. Einige Beispiele zeigen Dimensionen und Details der Geschäfte. 1181 erwarb ein Jude ein herausgehobenes Grundstück vom „Grafen Eckart" direkt neben dessen Hof (MB 37, Nr. 126). Präzise regelt der Kaufvertrag die Ausrichtung der Fenster, die Mauerhöhen, Einspruchsrechte gegen Neubauten oder die Abwasserführung. Ein Jahr später kaufte der Jude Samson ein Haus; auch er durfte seine Fenster nicht so hoch bauen, dass er in das benachbarte Haus des Christen hineinsehen konnte. Dafür durfte dieser nicht so hoch bauen, dass er dem Juden das Licht wegnahm (MB 37, Nr. 129). Derselbe Samuel erwarb 1182 gleich noch ein Grundstück (MB 37, Nr. 131). Es lag auf dem „Judenplatz“ am Rigol, erstreckte sich bis hin zu einer „Judenstraße“ und grenzte an das Haus eines weiteren Juden, Samuel von Nürnberg. Der Verkäufer war der Ministeriale Eberhard von Biebelried; das Obereigentum lag beim Stellvertreter des Burggrafen und Schultheißen, dem „Grafen Eckard“. Er wirkte beim Ausbau der Gemeinde demnach unterstützend mit.

Einzelne Gemeindemitglieder besaßen auch Weinberge (MB 37, Nr. 135, 136). Selbst der Bischof trat als Verkäufer eines Hofes unmittelbar neben seinem eigenen Hof in Erscheinung (MB 37, Nr. 142). Auch Jüdinnen erwarben Grund. Die offenbar führende jüdische Familie Vives kaufte gleich vier Grundstücke, die teilweise am Platz vor der Georgskapelle in der heutigen Augustinerstraße lagen, also in einem bevorzugt von der städtischen Ministerialität bewohnten Bezirk.

Insgesamt 14 Verkäufe sind so urkundlich überliefert. Die tatsächliche Zahl dürfte höher gelegen haben. Meist sind es größere Stücke, ganze Höfe von beträchtlichem Wert. Summen von 27 oder 30 Mark Silber werden genannt. Das entspricht sechs bis sieben Kilogramm reinen Silbers. Die Geschäftspartner zählten zu den Eliten der Stadt. Als der in Finanznot geratene Bischof 1161 den Zug Friedrich Barbarossas gegen das aufständische Mailand mitfinanzieren sollte, beteiligten sich neben Domkapitel und Klöstern auch die Würzburger Juden an den Kosten.

Die jüdische Gemeinde war also fest in die Stadt integriert. Die Familien zählten zu den wohlhabenderen und fanden Anschluss an Stadtherren und die bürgerlichen Eliten. Weitere Konflikte nach 1147 sind im 12. Jahrhundert nicht bekannt. Dies schuf die Voraussetzungen dafür, dass im 13. Jahrhundert die jüdische Gemeinde in Würzburg zu den größten und angesehensten des ganzen Reichs zählte. Wer konnte, ließ sich hier nieder; wer Rat suchte, wandte sich an die Würzburger Rabbiner; Synagoge und Schule besaßen große Anziehungskraft und eine Ausstrahlung über die Grenzen des Reichs hinaus.

DER WEIN UND DIE LANDWIRTSCHAFT: DIE LEBENSGRUNDLAGE DER STADT

Im 11. und 12. Jahrhundert veränderte sich das Klima. Der Zeitraum gilt als „Mittelalterliches Klimaoptimum". In dieser globalen Warmphase lagen die Durchschnittstemperaturen noch ein wenig höher als im 20. Jahrhundert. Es gab weniger Kaltlufteinbrüche und Niederschläge. Insbesondere in den Sommermonaten waren die Temperaturen recht hoch, im Durchschnitt 1 – 1,5 Grad höher als in der Gegenwart. Manche Schätzungen sprechen sogar von bis zu 2 Grad. Dafür gab es gelegentlich aber auch sehr kalte Winter.

Insgesamt war das Klima auf der gesamten Nordhalbkugel deutlich milder. In Island war nun Getreidebau möglich. Grönland war eisfrei, erhielt in jener Zeit seinen Namen von „Grünland" und wurde durch die Wikinger besiedelt. In Köln wuchsen Feigenbäume und Weinanbau war sogar in Schottland möglich geworden. Ein Steingadener Chronist berichtet, dass der Winter 1186/87 so warm war, dass im Dezember und im Januar die Bäume blühten; im Februar beobachtete er die Apfelblüte. Ganz ähnlich schreibt die Würzburger Bischofschronik des Lorenz Fries, der hier aus älteren Quellen schöpfte: *„Jn dem Jar Christi 1185 war ein sehr Linder Winter, vnd in dem Janer deß volgenden 1186 Jars, fingen die Baumen an Zu blüen, die Hunere vnd Waltfögele legten Ayr vnd brütten aus Jm Hornung, Jm Mayen* *schnide man das getraid vf dem Velde ab, vnd in anfang deß Augstmonds, ware der Wein vf dem Velde Zeitig, Also das man darauf anfieng Zu Lesen, Vnd ist desselben .1186. Jars, vil vnd sehr guter wein gewachssen*". Erst im 14. Jahrhundert gingen die Temperaturen wieder zurück; es folgte eine „kleine Eiszeit".

Wandel von Landwirtschaft und Landschaft

Auf die Landwirtschaft und die vom Menschen gestaltete Kulturlandschaft hatte dieser natürliche Klimawandel großen Einfluss. Die Waldflächen nahmen deutlich ab. Mehr Böden waren für die Landwirtschaft geeignet, und die deutliche Bevölkerungszunahme erforderte auch mehr Platz für landwirtschaftlich genutzte Flächen. Es setzte eine Phase ein, die als hochmittelalterlicher Landesausbau bezeichnet wird. Wo die Fläche nicht mehr reichte, zogen die Menschen weg. Die Ostkolonisation gewann auf diesem Weg stetigen Nachschub an Siedlern.

Neuerungen in der Agrartechnik, etwa bessere und tiefer greifende Pflüge, und der Einsatz von Pferden oder Ochsen anstatt Handarbeit ließen die Erträge steigen. Auch die Ausbreitung der Dreifelderwirtschaft trug zu besseren Ernten bei. Dafür wurden die Fluren in drei große Zelgen eingeteilt. In Absprache aller Bebauer wurde auf einer Zelge nur Sommergetreide, auf einer anderen Wintergetreide angebaut, während die dritte Zelge brach lag und sich der Boden erholen konnte.

→ **Zelge:** Zum Getreideanbau oder als Brache genutzte zusammenhängende Ackerfläche einer Siedlung, die in einzelne Parzellen unterschiedlicher Besitzer unterteilt war. Alle Parzellen einer Zelge wurden gleichzeitig von allen Besitzern bzw. dienstpflichtigen Bauern mit der gleichen Frucht bebaut, abgeerntet oder als Brache genutzt.

Zu Beginn des 12. Jahrhunderts war die Landwirtschaft meist noch in der Form der sogenannten Villikationsverfassung organisiert. Jeder große Grundherr, Adlige, Bischöfe, Kirchen oder Klöster besaßen einen oder mehrere große Fronhöfe oder

Villikationen. Hier betrieben die Grundherren in eigener Verantwortung Landwirtschaft. Das dem Fronhof zugeordnete Land konnte beträchtlichen Umfang annehmen. 50 bis 400 Hektar sind keine Seltenheit. Insbesondere die Zisterzienser hielten sehr lange an diesem System fest, da zu den Klöstern eine große Zahl an Konversen (Laienbrüdern) gehörte, mit deren Arbeitskraft die großen Höfe betrieben werden konnten. Bei anderen Grundherren waren die Kräfte zur Bewirtschaftung jedoch knapper. Seit den Anfängen der Villikationsverfassung gehörte daher zu jedem Hof auch noch weiteres Land, das in Form von Hufen oder Mansen (Bauernstellen) an freie Bauern oder an Hörige des Grundherren ausgegeben wurde. Die Bauern bewirtschafteten diese kleinen Familiengüter auf eigene Rechnung, mussten jedoch für die Leihe von Hof und Boden Abgaben und Dienste leisten, etwa zwei bis drei Tage in der Woche auf dem Eigenland des Fronhofes arbeiten. Dörfer gab es in dieser Zeit kaum. Man kann sich die Siedlungslandschaft vorstellen wie eine lockere Streuung von größeren Aussiedlerhöfen (Fronhöfen) und kleinen Einzelgehöften (Huben) zwischen größeren Waldflächen.

→ **Villikation:** Im Früh- und Hochmittelalter vorherrschende Organisationsform von Grundherrschaft und Landbau. Im Zentrum steht ein Herrenhof mit einem zentralen Wirtschaftskomplex mit Wohn- und Verwaltungsgebäuden, Wirtschaftsgebäuden, einer Mühle und Werkstätten. Das ebenfalls dem Fronhof zugeordnete umliegende Land wurde gegen Dienstpflichten oder Abgaben an den Herrenhof an einzelne Bauern zur Bewirtschaftung ausgegeben.

Im 12. Jahrhundert begann sich aber diese besondere Art der Wirtschaftsweise aufzulösen. Sie war auf Selbstversorgung und Autonomie gerichtet. Doch mit dem Anwachsen von Handel und Verkehr und der zunehmenden Bedeutung der Märkte und der Geldwirtschaft konnten die Fronhöfe nicht mehr mithalten. Die Verwaltung war kompliziert und aufwendig. Wo die Grundherren nicht selbst auf dem Hof lebten, mussten Verwalter, die sogenannten Maier (von lat. „maiores") eingesetzt werden, die eine Tendenz zur Verselbstständigung zeigten. Viele Fronhöfe wurden daher aufgelöst. Das Land wurde geteilt und an Bauern zur Leihe oder Pacht ausgegeben. So mussten die Frondienste nicht mehr überwacht werden und mit der Ablösung der Dienste und Naturalabgaben durch Geldzahlungen wuchsen den Grundherren Finanzmittel zu, die es ihnen erlaubten, einen repräsentativeren Lebensstil zu unterhalten. Mit dieser Auflösung der Fronhöfe zusammen mit der Ausbreitung der Dreifelderwirtschaft ging nun auch die Dorfentstehung einher. Die Bauern siedelten zunehmend an einem Ort, der die komplizierten Absprachen zur gemeinsamen Bewirtschaftung der in einzelne Parzellen unterteilten Zelgen erleichterte. In einem bis in das Spätmittelalter anhaltenden Prozess entstand dann jene uns gewohnte Dorflandschaft. Ganz aufgegeben wurde die Eigenwirtschaft der großen Grundherren jedoch nicht; vereinzelt unterhielten sie weiterhin wenige Höfe im Eigenbau.

Der Aufschwung des Weinbaus

Die klimatischen Änderungen betrafen in besonderem Maße den Weinbau. Ähnlich der gegenwärtigen Situation, wo durch die menschengemachte Erderwärmung der Reifebeginn verfrüht, Anbaugrenzen sich nach Norden verschieben, Ernten früher und mit höheren Mostgewichten eingebracht werden können und neue Sorten gedeihen, blühte auch im 12. Jahrhundert der Weinbau auf.

Die Reben wanderten weiter nach Norden. Die Klöster, die den Weinbau stets gefördert hatten, sowie die anderen geistlichen Institutionen, die schon aus liturgischen Gründen stets Meßwein produzieren mussten, entdeckten den Markt. Mit der zunehmenden Beliebtheit beteiligten sich auch immer mehr weltliche Herren am Weinbau, denen ihre Tafel ohne Wein nicht mehr akzeptabel schien. Wein wurde zum Symbol für Reichtum, Gastlichkeit und Prestige. Die Rebflächen wurden daher ausgebaut. Der Wein diente nicht mehr nur der Selbst-

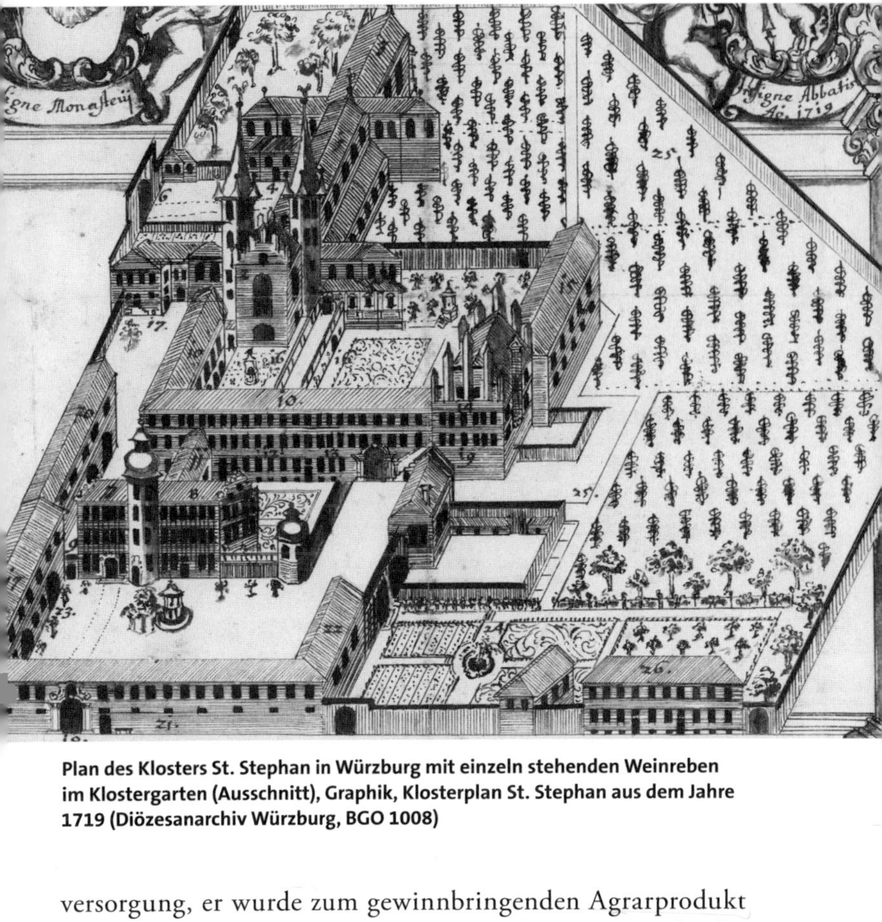

Plan des Klosters St. Stephan in Würzburg mit einzeln stehenden Weinreben im Klostergarten (Ausschnitt), Graphik, Klosterplan St. Stephan aus dem Jahre 1719 (Diözesanarchiv Würzburg, BGO 1008)

versorgung, er wurde zum gewinnbringenden Agrarprodukt und zur Handelsware, die sich Absatzmärkte weit über den lokalen Horizont hinaus erschloss.

Die marktwirtschaftlichen Aktivitäten der Zisterzienser setzten hier Maßstäbe. Mit der Errichtung von Terrassen eroberte die Weinkultur auch die Hänge und Steillagen an den Flussufern des Mains und trug zum modernen Bild der Kulturlandschaft Weinfranken bei. Große, zusammenhängende Rebflächen gab es allerdings nicht. Sie sind das Ergebnis der Flurbereinigung der 70er Jahre des 20. Jahrhunderts. Die vorherrschende Form war der Weingarten. In einer kleinen, umhegten oder gar ummauerten Parzelle standen die Rebstöcke. Der Weingarten umfasste oft nur ein Joch, die Fläche, die an einem Tag bearbeitet werden konnte. In Franken ist das Joch oft nur ein Fünftel Hektar groß. Die Anbaugebiete bestanden also aus vielen, nebeneinander liegenden Einzelparzellen von oftmals nur 40 mal 40 Metern Größe. Die Rebstöcke standen auch nicht in Zeilen, wie heute gewohnt. Jeder Stock wurde einzeln an einem Pfahl gezogen. Auch kleinere Flächen, selbst innerhalb der Stadt, wurden genutzt. Ein Plan des Klosters St. Stephan aus dem 18. Jahrhundert zeigt diese typische Form des Weinbaus im Garten des Klosters noch in deutlich späterer Zeit.

Der Markt sorgte für die Verbreitung. Über Kölner Kaufleute und die hansischen Handelsverbindungen wurde Frankenwein bis nach England und Norwegen exportiert. Bei den Großen des Reichs erfreute sich der Frankenwein großer Beliebtheit. Er schloss zum Rheinwein auf. An den südlichen Weinen, etwa den Malvasier, der wegen seines höheren Alkoholgehalts besser transport- und lagerfähig war, konnte er jedoch nicht vorbeiziehen. Dennoch legten auch auswärtige Herren großen Wert auf Weinbergsbesitz in Würzburg. So hatten etwa die Bischöfe von Hildesheim und Augsburg Weinberge in Würzburg. Sie organisierten regelmäßig eigene Weintransporte neben den ohnehin üblichen Handelsverbindungen. Der Anonymus Haserensis berichtet schon in der zweiten Hälfte des 11. Jahrhunderts in seiner Eichstätter Bischofschronik, dass der Würzburger Bischof seinem Eichstätter Amtskollegen, bei dem kein Wein wuchs, aus freundschaftlicher Verbundenheit jedes Jahr zehn Wagenladungen ausgesuchten Weins schickte.

Auf den lokalen Märkten bediente sich die Bevölkerung. Wer es sich leisten konnte, trank Wein statt des häufig gesundheitlich bedenklichen Wassers. Wein wurde für breitere Bevölkerungsschichten zum Alltagsgetränk. Dass im Mittelalter der Weinkonsum pro Kopf bis zu drei Liter am Tag betragen haben soll, ist allerdings übertrieben. Für das späte Mittelalter ergeben seriösere Schätzungen einen Verbrauch von allenfalls 1,5 Litern pro Kopf für einen durchschnittlichen Bürgerhaushalt. Der Alkoholgehalt war jedoch deutlich geringer.

Fränkische Weinkultur im Mittelalter

Ob der Wein auch nur entfernt so schmeckte, wie wir es heute gewohnt sind, lässt sich kaum sagen. Zweifel sind angebracht. Rebsorten wurden nicht unterschieden. Lediglich die Farbe, Reife und Herkunft wurden angegeben. Welche Reben in Franken wuchsen, bleibt im Dunkeln. Die heute bekannten Sorten wurden fast ausnahmslos im 19. und 20. Jahrhundert gezüchtet. Selbst der Silvaner, die älteste bekannte Rebsorte in Franken, blickt auf gerade 350 Jahre zurück. Vermutlich wurde der reich tragende Elbling angebaut. Auch Lagenreinheit war nicht bekannt. Man mischte aus unterschiedlichen Weinbergen.

Deutliche Unterschiede ergaben sich schon aus den Wetterschwankungen. Manches Jahr brachte nur wenige und saure Trauben hervor, in anderen Jahren gab es guten Wein im Überfluss. Die Winzer trugen ebenfalls zu einem qualitativen Gefälle bei. Nur die erste Pressung der Trauben war für die Tische der Herren und für den Handel geeignet. Dann wurde der Trester mit Wasser durchmengt und ein zweites oder gar ein drittes Mal gepresst. Das ergab dann ein Alltagsgetränk für die einfache Bevölkerung. Der Wein wurde jung getrunken, da man ihn nicht über mehrere Jahre lagern konnte. Erst ab dem 15. Jahrhundert wurden zum Beispiel die Fässer vor der Wiederbefüllung intensiv gereinigt und geschwefelt, was verderbliche Keime reduzierte.

Der Geschmack wurde auf vielerlei Weisen beeinflusst. Da die Holzfässer atmeten und der Wein bei der Lagerung oder dem Transport einsank, wurde regelmäßig mit anderen Weinen aufgefüllt. Um die Haltbarkeit zu steigern, sollten getrocknete und gekochte Traubenkerne oder gar Asche aus verbranntem Trester zugefügt werden. Am merkwürdigsten mutet uns die Sitte an, dem Wein Gewürze zuzusetzen. Pfeffer, Muskat, Ingwer, Nelken oder Paradieskörner sollten den Geschmack variieren, verbessern sowie Bekömmlichkeit und den gesundheitlichen Nutzen fördern. Getrunken wurde er über den ganzen Tag verteilt. Mit Gewürzen versetzt und erhitzt war er der Morgenkaffee des Mittelalters.

Vor allem in den Klöstern entwickelte sich eine regelrechte Expertenkultur um den Wein. Hier besaßen die Mönche ein über Generationen entwickeltes Wissen um den Weinbau. In nicht wenigen Klostergeschichten klingen Diskussionen um Methoden und Qualität des Klosterweins an. Im 13. Jahrhundert schrieb ein aus Würzburg stammender Kleriker namens Gottfried von Franken ein „Pelzbuch", das sich mit der Veredelung von Obstbäumen und Weinreben beschäftigt. Im 14. Jahrhundert nahm der Neumünsterscholaster Michael de Leone eine Abschrift in sein Hausbuch auf; demnach wird die Neumünsterbibliothek auch ein Exemplar dieses önologischen Fachbuches besessen haben.

Auch die Bischöfe legten Wert auf eigenen Weinbau. In Würzburg wird Weinbau bereits im 8. Jahrhundert erwähnt. Gewiss besaß auch der Bischof umfangreichen Besitz an Weinbergen, die wohl im Eigenbau betrieben wurden. Die regelmäßigen Würzburger Gaben an den Eichstätter Kollegen, vor allem aber die zahlreichen Königsaufenthalte in der Stadt, bei denen der Bischof als Gastgeber auch Tausende Liter Wein für das umfangreiche Gefolge des Herrschers bereitstellen musste, lassen darauf schließen.

Urkundlich belegbar wird bischöflicher Weinbesitz jedoch erst im Jahr 1128. Zur Ausstattung des eben gegründeten Prämonstratenserklosters Oberzell und für sein Seelenheil schenkte Bischof Embricho durch die Hand des Burggrafen Gotebold den Brüdern Johannes und Heinrich einige Güter, darunter einen Hof, mehrere Mansen, Fischteiche, und zwölf Joch Weinberge in Stenbach (MB 47, Nr. 3). Der Staatliche Hofkeller in Würzburg nahm diese Urkunde zum Anlass, im Jahr 2003 als ältestes Weingut Deutschlands sein 875-jähriges Bestehen zu feiern.

Stückfasskeller des Staatlichen Hofkellers unter der Residenz

Als Fürstbischöflicher Hofkeller tritt er allerdings erst in der Neuzeit hervor. Nach der Säkularisation 1803 und dem endgültigen Übergang des ehemaligen Hochstifts an das Haus Wittelsbach fiel der ganze Weinbesitz an die Bayerische Krone, seit dem Ende der Monarchie in Bayern nennt sich das Gut „Staatlicher Hofkeller Würzburg". In seinem eindrucksvollen Keller unter der barocken fürstbischöflichen Residenz mit rekordverdächtigen 4.557 Quadratmetern Größe werden heute noch die Erträge von etwa 120 Hektar Rebfläche zu vorzüglichen Weinen ausgebaut.

DER INVESTITURSTREIT

Der Investiturstreit stürzte das Bistum Würzburg in Wirren, die noch lange im 12. Jahrhundert nachwirkten. Das Verhältnis von Kaiser und Papst, von Kirche und Reich bedurfte neuer Grundlagen. Seit der Zeit der Ottonen hatte das Königtum das Recht beansprucht, die Bischöfe der Reichskirche einzusetzen. In der Hofkapelle des Königs wurden die aussichtsreichsten Sprösslinge aus den Dom- und Klosterschulen des Reichs auf ihre Rolle als loyale Kirchenherren vorbereitet und vom König auf freiwerdende Spitzenpositionen der Bistümer und Reichsabteien befördert. Das Reich brauchte die Unterstützung der Kirche. Der ohne festen Regierungssitz ständig umherreisende Hof wurde von seinen Bischöfen und Äbten regelmäßig gastlich aufgenommen. Die Kirche übernahm auch Verwaltungsaufgaben für den zerstreuten Reichsbesitz. Sie stellte den größten Teil der Kontingente des Reichsheeres und unterstützte die Reichspolitik. Latein- und schriftkundige Kleriker trugen Urkundenwesen und Kanzlei des Königs.

König und Papst – Reich und Reformkirche

Als Ausgleich für Loyalität und den aufwendigen Reichsdienst übertrug der König den Kirchen umfangreichen Besitz als

Heinrich IV. bittet zusammen mit seinem Taufpaten Hugo von Cluny Mathilde von Tuszien um Vermittlung im Streit mit Papst Gregor VII. Illustration aus der um 1115 fertiggestellten Vita Matildis.

Reichslehen. Auch Schenkungen von Königsgut und finanziell nutzbare Königsrechte (Regalien) gingen an die Bischöfe. So profitierten beide Seiten von jener „Reichskirchensystem" genannten engen Verflechtung von Kirche und Reich. Es stellte ein Gegengewicht zu den weltlichen Großen dar. Deren Lehen waren erblich, was die Bindung der Herzöge an das Königtum erschwerte. Die Bistümer dagegen konnten bei jedem Amtswechsel neu mit loyalen Anhängern besetzt werden. Um die Nutzung der kirchlichen Güter im Sinne des Reichs zu gewährleisten, verlangte der König von jedem Bischof bei seiner Einsetzung den Treueid.

Ausgehend von Lothringen hatte sich gegen dieses System im Laufe des 11. Jahrhunderts eine immer lauter werdende kirchliche Reformbewegung erhoben. Sie kritisierte den großen Einfluss von Laien in der Kirche. Kirchliche Ämter sollten nicht mehr vom König vergeben werden. Insbesondere gegen die symbolbeladene Amtseinsetzung, die Übergabe von Ring (als Zeichen der geistlichen Gewalt) und Stab (als Zeichen weltlicher Macht) durch den König richtete sich der Protest. Unter dem Schlagwort der „Freiheit der Kirche" („libertas ecclesiae") strebten die Reformer nach einem vorgeblich urchristlichen Ideal geistlicher Autonomie. Da das Königtum bei Bistumsbesetzungen ein Geschenk des auserwählten Kandidaten erwarten durfte und dabei gelegentlich die Grenze zur Bestechung überschritten wurde, geißelten die Reformer das Amtseinsetzungsverfahren als Simonie (Ämterkauf), was als Häresie betrachtet wurde. Mit dem Gang nach Canossa 1077 hatte der Konflikt zwischen Kaiser Heinrich IV. (1056–1105) und Papst Gregor VII. (1073–1085) einen ersten Höhepunkt erreicht. Eine Lösung war jedoch noch lange nicht in Sicht.

→ Der **Gang nach Canossa** im Jahr 1077 gilt als erster Höhepunkt des Investiturstreits. König Heinrich IV. hatte 1075 gegen den scharfen Protest Papst Gregors VII. einen neuen Erzbischof von Mailand eingesetzt. Der Konflikt eskalierte, als der König schließlich im Januar 1076 den Papst für abgesetzt erklärte und umgekehrt Gregor VII. den König exkommunizierte. Als zahlreiche Bischöfe und weltliche Große vom König abfielen und sich seine inneren Gegner mit den Reformern zu vereinigen drohten, blieb Heinrich nur noch ein Ausweg: Er zog im Januar 1077 auf lebensgefährlichen Pfaden über die Alpen und erflehte von Papst Gregor die Wiederaufnahme in die Kirche. Dafür stand er drei Tage barfuß und im Büßergewand vor der Burg Canossa. Schließlich konnte Gregor VII. dem bußfertigen Sünder die Wiederaufnahme in die Gemeinschaft der Gläubigen nicht mehr verweigern. Bis heute wird diskutiert, ob der sprichwörtlich gewordene Canossa-Gang einen Niedergang der weltlichen Gewalt einleitete, oder ob Heinrichs Bußakt, mit dem er seine Absetzung verhinderte, ein geschickter Schachzug in nahezu auswegsloser Lage war.

Das Bistum Würzburg im Investiturstreit

In Würzburg wurde die Auseinandersetzung um die Einsetzung des Bischofs mit besonderer Härte geführt. Bischof Adalbero (1045 – 1090) war noch nach altem Brauch von Heinrich III. (1039 – 1056) eingesetzt worden. Bis 1075 galt er als reichstreuer Anhänger der Salier, der Heinrich IV. sogar mit Truppen in den Kriegen gegen die aufständischen Sachsen unterstützte. Doch im Investiturstreit setzte er sich kompromisslos für die Gregorianische Reformpartei ein und wandte sich sowohl gegen Heinrich IV. als auch gegen seine teilweise königstreu gebliebenen Amtsbrüder. 1077 wirkte er sogar an der Wahl des Gegenkönigs Rudolf von Rheinfelden mit und unternahm alles, um den Salier zu stürzen.

Wegen der großen strategischen Bedeutung des Hochstifts, das die sächsischen und die oberdeutschen Gegner Heinrichs IV. voneinander trennte, wurde der Kampf um Würzburg blutig ausgetragen. 1077 verweigerte die königstreu gebliebene Stadt ihrem Bischof den Einzug. Einen ganzen Monat lang belagerten Adalbero und Rudolf von Rheinfelden erfolglos den Bischofssitz. Im August 1086 konnte Adalbero nach einer erneuten, verlustreichen Schlacht vor den Mauern der Stadt und bei Oberpleichfeld seinen Bischofsstuhl wieder in Besitz nehmen. Doch nach kurzer Zeit schon wurde er von kaiserlichen Truppen erneut vertrieben. Heinrich IV. bot dem Unterlegenen das Bistum an. Doch eine Verhandlungslösung kam für Adalbero nicht in Betracht. Unbeugsam bis zum Starrsinn starb er 1090 im Exil in dem von seinem Vater gegründeten Kloster Lambach in Oberösterreich. Zwei Gegenbischöfe hatte Heinrich IV. in diesem ersten schweren Schisma auf den Würzburger Bischofsstuhl gebracht: Meginhard II. (1085–1088) und Emehard (1089–1105), der sich erst nach dem Tod Adalberos weihen ließ.

Bischof Erlung (1105–1121), der Kanzler des Königs, war der letzte von Heinrich IV. bestimmte Kandidat auf dem Würzburger Stuhl. Sein Amtsantritt war von einem erneuten Schisma überschattet. Es erwuchs jedoch nicht aus der epochalen Auseinandersetzung zwischen Königtum und Kurie, sondern aus einem dynastischen Konflikt. Im Aufstand gegen seinen Vater hatte Heinrich V. (1105–1125) einen eigenen Bischof für Würzburg aufgestellt. Doch starb sein Kandidat Rupert bereits nach einem Jahr. Erlung fand schließlich auch die Anerkennung Heinrichs V.

Das Wirken Bischof Erlungs fällt in eine Zeit, in der beide Seiten um eine Lösung des Investiturstreits rangen. Doch die Situation war verfahren. Papst Paschalis II. (1099–1118) hatte zwar Bischof Erlung bestätigt. Doch blieb der strenge Gregorianer auf dem Stuhl Petri in Investiturfragen genauso kompromisslos wie Heinrich V., der seinen Anspruch auf die Investitur nicht aufzugeben bereit war. Erlung selbst stand auf der Seite Heinrichs. Er gilt als Verfasser der „Vita Heinrici", eine der wenigen Quellen, die Heinrich IV. in einem positiven Licht erscheinen lassen. Auch nach dem Seitenwechsel zum Sohn vertrat er die Interessen des Reichs. 1110/11 begleitete er den Salier auf dem Romzug, der mit der erzwungenen Kaiserkrönung endete. Dass wegen der Gefangennahme und Erpressung des Papstes die Kurie dem Kaiser den Bann, also den Ausschluss aus der Gemeinschaft der Christen, hinterher sandte, beeindruckte den Würzburger Bischof wenig. Noch 1115 feierte er mit dem gebannten Kaiser in Speyer das Weihnachtsfest. Erst ein Jahr später distanzierte er sich von Heinrich, nachdem die Opposition seiner sächsisch-rheinischen Gegner immer mehr an Boden gewonnen hatte.

Den Abfall bezahlte Erlung mit dem Entzug des ostfränkischen Herzogtums, das der Kaiser seinem staufischen Neffen

Konrad, dem späteren König Konrad III., übertrug. Klar umschrieben ist jene Würde im beginnenden 12. Jahrhundert noch nicht. Es handelt sich wohl um eine Ansammlung von Grafenrechten und Besitztiteln. Anders als bei den Herzogtümern Bayern, Sachsen oder Schwaben gab es keine Bindung an eine „fränkische" Stammeszugehörigkeit und auch kein in sich geschlossenes Gebiet, in dem der Bischof als Herzog wirken konnte. Dies begründete eine Ausnahmestellung unter den Herzogtümern und wurde zur Grundlage des „Fränkischen Flickenteppichs" an bischöflichem Besitz und Herrschaftsrechten. Konturen gewinnt der ostfränkische Dukat erst deutlich später. Zwar konnte Erlung nach der Aussöhnung mit Heinrich die Herzogswürde 1120 wieder zurückerhalten. Doch war der kurzzeitige Entzug insofern von Bedeutung, als die Staufer von nun an dauerhaft Mainfranken in ihre Territorialpolitik mit einbezogen. Jede künftige Bischofsbesetzung in Würzburg würde sich nicht nur an den Interessen von Königtum, Papsttum, Domkapitel und lokalem Adel, sondern auch an den Interessen der aufstrebenden Staufer messen lassen müssen.

DIE DOPPELWAHL VON 1122

Der Testfall für ein neues Ausbalancieren aller Kräfte, die auf das Bistum einwirkten, trat schon bald ein. Ende Dezember 1121 starb Bischof Erlung. Begraben wurde er in Münsterschwarzach, da die Stadt Würzburg mit dem Interdikt belegt war. Im September hatte Erlung selbst noch auf einem Fürstentag in Würzburg an Verhandlungen um einen Frieden im Reich und einen Ausgleich mit der Kurie teilgenommen. Mit Calixt II. (1119–1124) saß inzwischen ein Papst auf dem Stuhl Petri, mit dem ein Kompromiss möglich schien. Weitere Verhandlungen waren für den 1. August 1122 bereits für Würzburg anberaumt. Doch wegen der Vakanz auf dem wichtigen Würzburger Bischofsstuhl, den der Kaiser noch einmal ohne Anwesenheit strenger römischer Legaten nach seinem Wunsch besetzen wollte, wurden sie schließlich nach Worms verlegt. Unter anderen Umständen würde der dort im September 1122 erzielte Abschluss des Investiturstreits also den Namen „Würzburger Konkordat" und nicht „Wormser Konkordat" tragen.

→ **Interdikt:** Der Bischof darf als Inhaber der geistlichen Gewalt in seinem Bistum bei Vergehen gegen das Kirchenrecht jede gottesdienstliche Handlung untersagen (lat. interdicere). Diese geistliche Strafgewalt wurde häufig zu politischen Zwecken eingesetzt, indem ganze Orte mit dem Interdikt belegt wurden.

Das Interdikt gehörte in einer Zeit umfassender Frömmigkeit zu den stärksten Waffen der geistlichen Gewalt, da dem Gläubigen ohne Sakramentsempfang oder christliches Begräbnis kein Eingang in das Paradies möglich war.

→ **Wormser Konkordat:** In Worms tauschten am 23. September 1122 Heinrich V. und Vertreter Papst Calixts II. Urkunden aus, mit denen der Investiturstreit beigelegt wurde. Heinrich verzichtete dabei auf die Investitur von Bischöfen mit Ring und Stab und gestand den Kirchen die freie Wahl ihrer Oberhirten zu. Im Gegenzug gestattete der Papst die Anwesenheit des Königs bei der Wahl und eine Mitentscheidung bei strittigen Wahlen. Der Einfluss des Königtums auf die Bistumsbesetzung blieb mit Einschränkungen gewahrt. Im Reichsgebiet sollte die Investitur durch den König mit dessen Szepter noch vor der Weihe erfolgen. Lehenshuldigung und Treueid der Bischöfe sicherten die loyale Nutzung von Reichsgut und Regalien.

Mitten in den entscheidenden Monaten der Verhandlungen um Lösung des Investiturstreits musste also ein Nachfolger für den Würzburger Bischof gefunden werden. In der Wahl, die nach dem Tod Erlungs anstand, ging es um weit mehr als die Besetzung eines vakanten Bischofsstuhls. Viele Kräfte würden versuchen, die Wahl zu beeinflussen. Heinrich V. wollte sein vielfach bestrittenes Recht zur Einsetzung von Bischöfen wahren und das strategisch wichtige Bistum mit einem reichstreuen Anhänger besetzen. Der Papst würde jede Investitur, die den Forderungen der Reformer widersprach, nicht akzeptieren. Das Domkapitel musste daran interessiert sein, sein Wahlrecht zu wahren. Die Reichsbischöfe, allen voran der Erzbischof von Mainz als Würzburger Metropolit, mussten im immer noch ungelösten Investiturstreit zwischen Königstreue und den Ansprüchen des Papstes wählen. Die umliegenden Adelsherrschaften, die ihre Vertreter im Domkapitel hatten, würden versuchen, einen der ihren als Bischof zu installieren, um ihren territorialen Ausbau weiter vorantreiben zu können.

Gebhard von Henneberg: Der Kandidat des Königs

Die Wahl Heinrichs V. fiel auf Gebhard von Henneberg. Er war noch jung, doch als Sohn des Würzburger Burggrafen Gotebold II., der königliche Politik in Würzburg erfolgreich vertrat, und als Bruder Graf Poppos II., der dank seiner Königstreue im Südosten des Hochstifts ein umfangreiches Territorium aufgebaut hatte, ein idealer Kandidat zur Vertretung königlicher Interessen in Bistum und Hochstift. Über seinen Weg ins Amt liegt ein Bericht aus Gebhards eigener Feder vor, den er zu seiner Rechtfertigung 1126 oder 1127 verfasste, und der in den Codex Udalrici, eine Bamberger Briefsammlung, einging (Codex Udalrici Nr. 233, S. 405ff.). Gebhard berichtet dort, dass er sich 1122 zu Studien in Paris aufhielt. Dies zeigt übrigens, dass er entweder bereits für eine geistliche Karriere vorgesehen war, oder dass auch die im Umfeld des Königtums aufstrebenden Adelsfamilien die Bedeutung von Bildung für die zunehmenden Verwaltungsaufgaben erkannt hatten.

In Paris wurde Gebhard von einer Gesandtschaft des Speyrer Bischofs Bruno (1107–1123) aufgesucht. Man berichtete ihm vom Tod des Würzburger Bischofs. Bruno von Speyer habe beim Kaiser vorgesprochen und erreicht, dass Gebhard als Nachfolger vorgesehen sei. Auch der Mainzer Erzbischof Adalbert I. (1111–1137), Kanzler Heinrichs V. und Bruder des Speyrer Bischofs, die Henneberger und sogar Vertreter des Würzburger Klerus hätten diese Wahl unterstützt. Dies entspricht noch ganz dem traditionellen Vorgehen der Salier. Bistumsbesetzungen wurden nach dem

Sprechendes Wappen der Grafen von Henneberg aus dem Scheibler'schen Wappenbuch, 1450–1480 (Bayerische Staatsbibliothek München, Cod. icon. 312c)

Willen des Königtums und in vorheriger diskreter Absprache mit den maßgeblichen Kräften entschieden. Ob der Würzburger Klerus tatsächlich vorher gefragt wurde, darf bezweifelt werden. In der Regel stimmte der Domklerus erst nachträglich dem königlichen Wunschkandidaten zu.

Doch Gebhard zierte sich zunächst, sei es aus echtem Zweifel, oder um dem obligatorischen Bescheidenheitstopos Genüge zu tun. Er habe keineswegs vor, seine Studien so schnell aufzugeben. Erst nach langer Überredung kehrte er Paris den Rücken. Auf einem seiner eigenen Güter, immer noch schwankend ob seiner Jugend und Unerfahrenheit, habe er schließlich auf die Zustimmung von Kaiser und Erzbischof gewartet. Schließlich erhielt er nach eigener Aussage die Weihe durch den Erzbischof und mit Zustimmung des Kaisers. Dem offiziellen Wahlakt in Würzburg wohnten Gebhards Bericht zufolge auch die Grafen des Hochstifts und der Domklerus bei. Lediglich der Dompropst Otto und Rugger, der schon zu Lebzeiten Erlungs nach dem Bischofsamt gestrebt haben soll, blieben fern. So wollte Gebhard schließlich, seiner Wahl sicher, den Bischofssitz einnehmen.

Die Interessen des Domkapitels: Autonomie und Opposition gegen Hennebergische Übermacht

Tatsächlich dürften die Widerstände aber erheblich größer gewesen sein. Die Stadt galt als kaisertreu. Doch das Domkapitel, dem die Kirchenreformer ausschließlich das Wahlrecht für den Bischof zugestehen wollten, stand vor einem großen Problem. Die Entscheidungsbefugnis dem Kaiser zu überlassen, würde die Rechte des Kapitels weiter beschränken. Dies stand mit kirchenrechtlichen Vorschriften nicht in Einklang. Zudem war die Bedeutung des Kapitels bei der Verwaltung der immer komplexer werdenden geistlichen und weltlichen Angelegenheiten von Bistum und Hochstift kontinuierlich gewachsen. Dem sollte auch politisch Rechnung getragen werden.

Kernburg der Burgruine Henneberg, zwischen Meiningen und Mellrichstadt, im 11. Jahrhundert begonnen, im Bauernkrieg 1525 zerstört

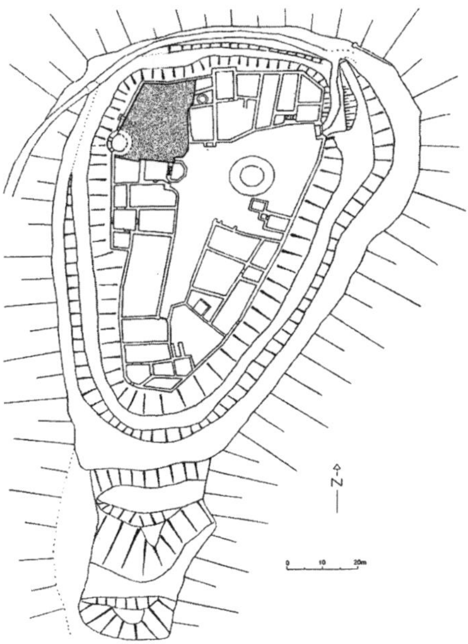

Plan der umfangreichen Befestigungsanlage der Burg Henneberg

Mit Gebhard würde nicht nur ein weiterer kaiserlicher Kandidat auf den Würzburger Stuhl gelangen. Er war außerdem ein Henneberger. Und die stellten seit spätestens 1091 den Würzburger Burggrafen. Im Auftrag des Königtums oblag diesem die Aufsicht über den Heerbann und die Gerichtsbarkeit in der Stadt. Gebhards Vater Gotebold († 1144) befehligte demnach als Burggraf die Würzburger Truppen. Er ordnete die Bewaffnung, überwachte Mauern und Tore, kümmerte sich um das Geleit und überwachte auch das städtische Gewerbe und den Handel. Eine ganze Schar von Amtleuten, an deren Spitze als sein direkter Stellvertreter ein „Vicecomes" stand, unterstützte ihn in seinen vielfältigen Aufgaben. Dreimal jährlich leitete er eine große Gerichtsversammlung, das „Grafending", sprach Leib- und Todesstrafen in einem Gerichtsbezirk aus, der über die Stadt hinaus auch einige Orte des Umlandes umfasste.

→ **Heerbann:** Königsrecht zur Aufstellung eines Heeres aus wehrfähigen Männern aufgrund herrschaftlicher oder lehnsherrlicher Rechte. Der königliche Burggraf hatte als Vertreter des Königs Truppen für Reichskriege zu stellen, aber auch die Stadt im Sinne des Königtums zu schützen und zu verteidigen.

Spätestens seit 1102 nahm er auch noch das Amt des obersten Vogtes der Würzburger Kirche wahr, der in allen weltlichen Angelegenheiten das Bistum zu vertreten hatte. Als solcher war er zwar Amtsträger des Bischofs, doch erhielt er daraus Einnahmen und umfangreiche Machtbefugnisse auch innerhalb des kirchlichen Hoheitsbereichs. Sein eigenes Territorium mit dem Stammsitz, der Burg Henneberg, lag im Südosten des Hochstifts mit Schwerpunkt um Meiningen und Mellrichstadt und zog sich bis kurz vor Schweinfurt hin. Dazu kamen Amtslehen in und um Würzburg. In der Stadt selbst war sein Amtssitz der Katzenwicker, ein großer Hof an der Nordostecke der Stadtbefestigung. Einige andere Grundstücke und Häuser befanden sich ebenfalls in seinem Besitz.

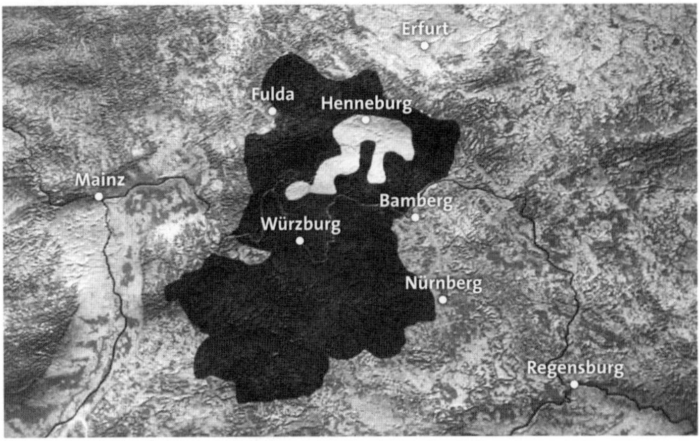

Henneberger Territorium (hell) innerhalb des Bistums Würzburg

Der Gegenkandidat Rugger

Den Sohn des hennebergischen Burggrafen auch noch zum Bischof zu machen, würde bedeuten, dass in Bistum, Hochstift, Stadt und Umland eine einzige übermächtige Familie die Geschicke nach ihrem Belieben (und dem des Kaisers) würde steuern können. Das Domkapitel, oder jedenfalls Teile des Domkapitels, konnten dies nicht zulassen. So nutzte eine Partei des Domklerus die lange Zeit zwischen der Benachrichtigung Gebhards in Paris und seiner Weihe, um einen eigenen Kandidaten zu installieren. Der Chronist Ekkehard von Aura, der einige Jahre im Würzburger Burkhardskloster gelebt hatte und die Verhältnisse bestens kannte, lässt erkennen, dass sich doch größere und „vernünftigere" Teile von Klerus und Volk nicht mit dem „Jüngling" Gebhard, der noch keinerlei kirchlichen Weihegrad besaß, abfinden wollten. Stattdessen wählte man auf Betreiben des Dompropstes Otto einen der eigenen Kapitelherren, Rugger, zum Bischof.

Hinter Ruggers Wahl standen auch staufische Interessen. Der Kandidat war mit den Grafen von Comburg-Rothenburg versippt, die 1116 ausgestorben waren. Ihr Erbe hatten die Staufer angetreten. Die beiden staufischen Brüder Friedrich und Konrad hatten ein lebhaftes Interesse daran, die Henneberger in Franken nicht zu mächtig werden zu lassen. Mit dem fränkischen Herzogtum, das Heinrich IV. dem abtrünnigen Erlung zugunsten der Staufer genommen und gerade erst 1120 wieder zurückerstattet hatte, stand auch ein lohnenswerter Herrschaftstitel auf dem politischen Spiel, der dem Aufbau des staufischen Territoriums zugute kommen sollte.

Der Kampf um Würzburg

Wieder einmal entzweite ein Schisma Reich und Kirche. Die folgenden Jahre brachten dem Bistum große Wirren. Gebhard konnte sich zunächst in Würzburg festsetzen. Es kam zu ersten Kämpfen, die Gebhard mit der Unterstützung seiner Familie und den militärischen Machtmitteln des Würzburger Burggrafen, seines Vaters, für sich entscheiden konnte. Rugger zog sich nach Münsterschwarzach zurück. Ob er sich gegen seinen mächtigen Konkurrenten würde durchsetzen können, lag nun an der Unterstützung von Episkopat und Kurie.

Maßgeblich wurde Erzbischof Adalbert von Mainz. Anfangs hatte er Gebhard ins Amt verholfen, doch begann er nun an seiner Rechtmäßigkeit zu zweifeln. Die traditionelle Investitur Gebhards mit Ring und Stab durch den Kaiser, die inzwischen nach dem erfolgreich abgeschlossenen Wormser Konkordat verboten war, dürfte zu dem Meinungsumschwung beigetragen haben. Jedenfalls schrieb Adalbert gegen Ende des Jahres 1122 an Papst Calixt II. mit der lebhaften Bitte, den Würzburger Bischof Rugger zu unterstützen. Er sei frei und kanonisch gewählt. Durch seine Vertreibung leide die „libertas ecclesiae“, während ein Laie den Würzburger Stuhl gewaltsam besetzt halte. Gebhard sei der letzte, der vor der Investitur mit Ring und Stab trotz Exkommunikation nicht zurückschreckte (UB Mainz Nr. 499). Adalbert sah zu diesem Zeitpunkt die Wahl also ganz unter den Vorzeichen des Investiturstreits: Der kanonisch gewählte Rugger einerseits und der vom Kaiser demonstrativ nach altem Brauch mit Ring und Stab eingesetzte Gebhard.

Rugger erhielt seine Weihe schließlich in Münsterschwarzach durch Adalbert von Mainz in Gegenwart dreier apostolischer Legaten, darunter der spätere Papst Honorius II. Doch Einfluss gewann er lediglich im Südwesten des Bistums, sicherlich mit staufischer Unterstützung. Beide Kandidaten bemühten die Kurie. Papst Calixt schien, nach Worms zu weiteren Kompromissen geneigt, gelegentlich sogar Gebhard zuzuneigen. Rugger reiste persönlich nach Rom, um seine Sache voranzubringen. Doch er konnte ebenfalls keine definitive päpstliche Anerkennung erreichen. Dabei blieb es bis zu Ruggers frühem Tod am 25. August 1125.

Erneut stand eines der wichtigsten Bistümer des Reichs auf der Tagesordnung von Kaiser, Kurie und Fürsten. Würde sich Gebhard nun durchsetzen können, oder würden die Reformer auf einer Neuwahl bestehen? Auf die Unterstützung Heinrichs V. konnte der Henneberger nicht mehr bauen. Der Kaiser war gut einen Monat zuvor erbenlos gestorben. Einen Tag vor Ruggers Tod hatte eine Wahlversammlung in Mainz den sächsischen Herzog Lothar von Süpplingenburg (1125–1137) zum neuen König gewählt. Erzbischof Adalbert hatte den Staufer Friedrich, der eigentlich von Heinrich designiert war, zu verhindern gewusst. Die unter den Saliern zum Herzogtum aufgestiegene Familie begann in seinem Erzbistum zu viel Macht anzusammeln. Damit hatte die staufische Sache im Reich und auch in Franken einen herben Rückschlag erlitten.

Die Chancen für den Henneberger waren dadurch gestiegen. Im September oder Oktober 1125 schien sich auch Adalbert wieder Gebhard anzuschließen. Er schrieb an den Bamberger Bischof Otto, dass er wegen der Wirren in Würzburg besorgt sei und fürchte, dass das Bistum völlig zerstört werde. Nach dem Tod Ruggers wolle er lieber Gebhard akzeptieren, als zuzulassen, dass durch einen weiteren Kandidaten das Zerwürfnis noch tiefer werde. Am 18. Oktober sollte dies auf einer Würzburger Synode entschieden werden (UB Mainz Nr. 535).

Möglicherweise war es gerade die bevorstehende Synode, die sowohl den Würzburger Klerus als auch Gebhard von Henneberg veranlasste, sich vorher eine möglichst gute Ausgangsposition zu verschaffen. Im Handstreich gelang es Dompropst Otto, Gebhard aus der Stadt zu vertreiben. Mit Hilfe seiner Verwandten antwortete der Henneberger mit Waffengewalt. Der Streit um den Bischofsstuhl drohte nun die Stadt ins Verderben zu stürzen. Die Vorstadt brannte nieder, der Marienberg wurde besetzt, zahlreiche Güter des Hochstifts verwüstet. Die Synode war damit gescheitert, doch mit seiner kriegerischen Aktion hatte sich Gebhard keineswegs mehr Unterstützer geschaffen. Papst Honorius (1124 – 1130), der drei Jahre vorher noch als Legat auf dem Weg zu den Wormser Verhandlungen an der Weihe des Hennebergers teilgenommen hatte, wandte sich nun endgültig ab, ließ Gebhard exkommunizieren und rief zur Neuwahl auf.

Norbert von Xanten: der entflohene Bischofskandidat

Einige sahen wohl in Norbert von Xanten, dem charismatischen Gründer des Prämonstratenserordens, einen geeigneten Kandidaten. Er hielt sich auf der Rückreise von Rom an Ostern 1126 in Würzburg auf und hielt einen Gottesdienst im Dom. Die verworrenen Verhältnisse ließen ihn Abstand nehmen. Jedenfalls lehnte er das Angebot ab und ließ sich kurze Zeit später lieber zum Erzbischof von Magdeburg wählen. Mit recht deutlichen Worten beschreibt dies der Biograf Norberts: Bei der Durchreise hätten ihn Volk und Klerus gezwungen, die Messe zu lesen. Es war nämlich Ostern und die Stadt hatte keinen Bischof. Während der Messe, gerade bei der Wandlung, sei sogar eine stadtbekannte Blinde geheilt worden. Als das Volk darüber in Begeisterung ausbrach, geschah es, dass auch einige der reicheren und mächtigeren Bürger sich ganz in die Hände Gottes begeben wollten, und beschlossen, mit ihren Vermögen

Norbert von Xanten, Gründer der Prämonstratenser, 1126 vor der Würzburger Bischofswürde geflohen. 1128 wird das Prämonstratenserkloster Zell am Main westlich Würzburgs gegründet. Barockes Deckenfresko im Treppenhaus im Hauptgebäude des Klosters Oberzell.

vor der Stadt bei Zell ein Prämonstratenserkloster zu errichteten. Norbert aber hatte man vorher schon vor der bischofslosen Stadt gewarnt. So flüchtete er eilends und heimlich aus der Stadt, da er fürchtete, dort zum Bischof gewählt zu werden (Vita Norberti, MGH SS XII, S. 689f.).

Gebhards Niederlage

Unterdessen suchte Gebhard noch einmal die Nähe der Mächtigen. Er appellierte an König Lothar und wurde für den Herbst 1126 vor einen Hoftag in Straßburg geladen. Adalbert riet ihm, wieder einmal schwankend, auch nach Rom zu appellieren. Doch ein erneuter kriegerischer Übergriff Gebhards, mit dem er Würzburg in seine Gewalt brachte und seine Gegner vertrieb, verärgerte den Reichstag. König Lothar und Erzbischof Adalbert erschienen Ende November 1126 sogar selbst in Würzburg, um die Exkommunikation zu verkünden.

Möglicherweise versuchten sie nun auch, einen geeigneten Nachfolger zu finden. In seiner Klageschrift behauptet Gebhard jedenfalls, dass sein härtester Widersacher, Dompropst Otto ausersehen war, aber nicht die Zustimmung des ganzen Klerus gewinnen konnte. Nach dem Wormser Konkordat wäre der Dompropst als neuer Favorit des Königs ein durchaus möglicher Kandidat gewesen. Das Wahlrecht stand dem Kapitel zu, der König durfte anwesend sein und bei zwiespältiger Wahl eine Entscheidung herbeiführen. Dass Otto König und Erzbischof auch noch Geld für seine Wahl geboten haben soll, entspricht wohl weniger der Wahrheit. Gebhard selbst schreckte vor diesem Mittel jedenfalls nicht zurück. Im Dezember bat er Lothar noch einmal um Gehör. Er versprach die enorme Summe von 300 Pfund Silber und die Stellung von Geiseln, wenn er nur seinen Standpunkt vorbringen dürfe und sicherte ihm im Gegenzug demütig zu, er werde freiwillig auf das Bistum verzichten, wenn der König dies verlange (Klageschrift, Codex Udalrici, Nr. 233, S. 411). Den kaum verhohlenen Bestechungsversuch ließ Lothar jedoch unbeantwortet. Eine derart eindeutige simonistische Praxis war vier Jahre nach dem Wormser Konkordat undenkbar geworden.

Doch wie konnte der missliebige Gebhard von dem Bischofsstuhl entfernt werden, an dem er so hartnäckig festhielt? Hierfür mussten alle Kräfte zusammenwirken. Anfang März 1127 gebot Papst Honorius Adalbert von Mainz, Gebhard von Henneberg aus dem Bistum zu entfernen (UB Mainz Nr. 543). Zugleich befahl ein apostolischer Legat dem Würzburger Dompropst Otto, sich von Gebhard zu trennen und auf kanonische Art einen neuen Bischof zu wählen (Codex Udalrici, Nr. 228,

S. 399f.). Adalbert von Mainz mahnte die Würzburger, einig, aber sehr vorsichtig vorzugehen, damit nicht am Ende er für schuldig gehalten werde, wenn die Sache schief ginge (Codex Udalrici, Nr. 228, S. 401).

In Würzburg stand die Stimmung nun eindeutig gegen Gebhard. Der schien nach Bamberg geflohen zu sein. Das Domkapitel beklagte sich bei den Bamberger Kollegen in scharfer Form (Bischof Otto I. war Ende März 1127 im Pommern gestorben) über die Aufnahme des Exkommunizierten (Codex Udalrici, Nr. 230, S. 403f). Bamberg schrieb nicht weniger scharf zurück, dass Gebhard tatsächlich in Bamberg erschienen sei und um Anhörung in seiner Sache gebeten habe. Man lasse sich dadurch aber nicht mit den Würzburgern entzweien (Codex Udalrici, Nr. 231, S. 403–405).

Bischof Embricho als neuer Typ des staufertreuen Reichsbischofs

Um Weihnachten 1127 gelang endlich auch die Wahl eines neuen Würzburger Bischofs. Embricho aus der Familie der Grafen von Leiningen, Mitglied der Königskapelle und zuvor Dompropst in Erfurt, gewann die Zustimmung von Klerus, Volk, Erzbischof und König. Gebhard resignierte daraufhin. Er zog sich auf seine Familiengüter zurück. 1131 taucht sein Name noch einmal bei der Wahl eines Trierer Bischofs auf. Die Kandidatur blieb ohne Erfolg. Erst 1150 gelang es ihm schließlich doch noch, freilich unter völlig anderen Vorzeichen, zum Würzburger Bischof gewählt zu werden.

Letztlich war die Durchsetzung eines Bischofs nicht mehr allein vom Vertrauen des Königs abhängig, wie es unter Heinrich IV. noch üblich gewesen war. Die Kandidaten wurden nicht mehr ausschließlich der Königskapelle entnommen und gehörten nicht mehr nur weiter entfernt lebenden Adelsfamilien an. Mehr und mehr nahmen auch lokale Herrschaftsträger Einfluss.

→ **Königskapelle:** Seit der Merowingerzeit wurden die Geistlichen am Hof der Könige in einer „Kapelle“ zusammengefasst. Der

Name leitete sich vom Mantel (lat. cappa) des heiligen Martin ab, der als wichtigste Reliquie des Reichs galt. Die ursprüngliche Aufgabe der Kleriker in der Hofkapelle bestand in der Abhaltung feierlicher Gottesdienste für den König. Als Schriftkundige besorgten sie auch die Ausstellung von Königsurkunden und bildeten somit den Kern der Königskanzlei. Sie wurden auch zu diplomatischen und Verwaltungsaufgaben herangezogen und stellten somit eine wesentliche Stütze königlicher Macht dar. Seit der Ottonenzeit wurden bis zum Investiturstreit regelmäßig freie Bistümer und Reichsklöster mit Mitgliedern der Königskapelle besetzt.

Der Streit um den Würzburger Bischofsstuhl wurde zu Beginn des 12. Jahrhunderts mehr vom Ringen zwischen Hennebergern und Staufern bestimmt, als von der Auseinandersetzung zwischen Königtum und Papsttum. Den Hennebergern blieb das Burggrafenamt vorläufig erhalten. In seiner Bedeutung wurde es freilich ausgehöhlt. Auch die vogteilichen Rechte der Henneberger wurden im Laufe des 12. Jahrhunderts zurückgedrängt. Wie sich in der Nachfolge Lothars von Süpplingenburg die Staufer durchsetzten, blieb sowohl auf territorialer Ebene wie auch auf der Ebene des Reichs die Geschichte Würzburgs in den folgenden Jahrzehnten auf das engste mit den Staufern verknüpft.

TERRITORIALISIERUNG UND BURGENBAU

Würzburg war im 12. Jahrhundert die einzige größere Stadt in Mainfranken. Als Sitz des Bischofs war sie das Zentrum des Bistums. Von hier aus übte der Bischof die Hoheit in allen geistlichen Angelegenheiten aus. Mit der Gründung des Bistums Bamberg durch Heinrich II. im Jahr 1007 war der Diözesansprengel des Würzburger Bischofs zwar kräftig beschnitten worden. Zur Durchsetzung der Bistumsgründung in seiner Lieblingsstadt hatte Heinrich dem Würzburger Bischof gar – völlig aussichtslose – Hoffnungen auf die Erhebung zum Erzbistum gemacht. Aber durch Landschenkungen war ein gewisser Ausgleich für den Verlust an geistlichem Territorium geschaffen worden.

Das Bistum Würzburg

Die Bischöfe der Reichskirche hatten eine geistliche und eine weltliche Funktion. Als geistliche Hirten herrschten sie über ihr Bistum, einen territorial klar abgegrenzten Bezirk, in dem alle geistlichen Angelegenheiten in ihre Zuständigkeit fielen. Zur Wahrnehmung ihrer geistlichen Aufgaben benötigten sie aber auch weltlichen Besitz, der in Abgrenzung zum Bistum als Hochstift bezeichnet wird. „Bistum“ und „Hochstift“ sind keineswegs deckungsgleich. Sie bezeichnen unterschiedliche Gebiete und unterschiedliche Qualitäten herrschaftlichen Zugriffs. Größer und in seinen Grenzen klarer zu erfassen ist der geistliche Amtsbezirk, das Bistum.

Die Reichweite des bischöflichen Einflusses war weit gespannt. Das Bistumsgebiet umfasste im Westen einen Teil des Mainvierecks und ragte im Osten weit über das Maindreieck hinaus. Im Westen grenzte es am Sperrriegel des Spessarts an das Erzbistum Mainz. Im Südwesten griff der Sprengel bis tief in den Odenwald und an den Neckar, wo die Bistümer von Worms und Speyer begannen. Im Süden reichte sein Amtsbezirk bis zur Linie Lauffen – Ellwangen – Feuchtwangen – Roßtal. Dahinter begann der geistliche Einfluss der Bischöfe von Augsburg und Eichstätt. Im Osten reichte er bis kurz vor Bamberg, und im Norden bildeten die Fulda bis auf die Höhe von Bad Hersfeld auf der einen und der Rennsteig im Thüringer Wald auf der anderen Seite natürliche Grenzen, um die sich wiederum der Mainzer Sprengel schmiegte. Insgesamt war der Bischof also für die Seelen in einem Gebiet von über 20.000 km² verantwortlich, das sich in nord-südlicher Richtung über ca. 200 km und in ostwestlicher über ca. 100 – 130 km erstreckte. In allen geistlichen Belangen waren diese Grenzen klar gesteckt.

→ **Sprengel:** auch Kirchsprengel, Bezeichnung für den Amts- und Aufsichtsbezirk eines Bischofs. Territorial abgegrenzter bischöflicher Verwaltungsbezirk, in dem der Bischof in allen geistlichen Angelegenheiten jurisdiktionelle Gewalt besitzt.

Das Hochstift – der weltliche Besitz des Bistums

Schwieriger ist die Frage nach der Reichweite der weltlichen Macht des Bischofs zu beantworten. Seit der Grundausstattung des Bistums verfügte der Bischof auch über weltlichen Besitz, mit dem er seine geistlichen Aufgaben finanzierte. Die Zusammenfassung aus Besitz und Rechten wird als Hochstift bezeichnet. Auf seinen Besitztümern war der Bischof Grundherr und durfte Abgaben erheben, Dienste einfordern, und war auch in

Fragen des weltlichen Gerichts anzurufen. Lediglich bei schwereren Vergehen wie Raub und Mord bedurfte er der Hilfe seiner hennebergischen Stiftsvögte.

→ **Vogt** (von lat. advocatus): Vögte sind Personen, die im Auftrag bzw. stellvertretend Herrschaft ausüben, Verwaltung organisieren, Abgaben einziehen, Gericht halten oder bei Prozessen die rechtliche Vertretung übernahmen. Vor allem kirchliche Institutionen benötigen einen Vogt, da nach biblischen und kirchenrechtlichen Vorstellungen Geistliche sich nicht mit weltlichen Dingen abgeben sollten und das weltliche Schwert nicht führen dürfen. Als Vögte wurden daher mächtige Laien eingesetzt, welche die Interessen der Kirchen im weltlichen Bereich vertraten. Je umfangreicher der kirchliche Besitz war, desto größer war die Macht des Vogtes. Sie wurde oft als einschränkend empfunden, weswegen im 12. und 13. Jahrhundert die Kirchen danach trachteten, die Vogtei abzuschaffen oder einzuschränken. Die Vogtei über Würzburg lag im 12. Jahrhundert bei den Grafen von Henneberg. Zur Verwaltung von Fernbesitz wurden noch weitere Adlige vor Ort eingesetzt.

Doch der weltliche Besitz war weit gestreut. Neben 25 Kirchen und einem Kloster hatte der fränkische Hausmeier Karlmann (vor 714–754) dem 741 von Bonifatius gegründeten Bistum den Zehnten von zahlreichen Königsgütern übertragen, die sich von Ingelheim am Rhein bis Heilbronn und Lauffen am Neckar erstreckten. Im frühen und hohen Mittelalter war die Grundausstattung durch zahlreiche Schenkungen des Königtums und von weltlichen Großen vermehrt worden. Von Würzburg aus lagen diese Güter aber häufig weit entfernt, nicht selten sogar außerhalb des Bistums. Zwar lag ein größerer Teil um Würzburg herum, aber auch Fernbesitz von Oberösterreich über das Allgäu bis in den hohen Norden stand unter der weltlichen Verwaltung des Bischofs. Die Verwaltung solcher Güter war schwierig und teuer. Die Vögte waren unzuverlässig und neigten dazu, sich solche Güter selbst anzueignen. Der Transport der Abgaben nach Würzburg erforderte einen hohen Aufwand.

→ **Hausmeier** (von lat. maior domus = Verwalter des Hauses): Amt am Hof der fränkischen Könige, ursprünglich Aufseher über das Hofgesinde. Im 6. und 7. Jahrhundert stieg der Einfluss der Hausmeier stark an. Sie verwalteten das Königsgut, ernannten Beamte und stellten Urkunden im Namen des Königs aus. Im 7. Jahrhundert regierten sie königsgleich, während der eigentliche König nur noch eine „Schattenherrschaft" ausübte. Das Hausmeieramt wurde in einer Familie erblich. In diesem Amt stiegen die Karolinger schließlich zur Königsherrschaft auf, als 751 Pippin der Jüngere, der Bruder Karlmanns, den letzten Merowingerkönig absetzte und ins Kloster schickte.

In der Umgebung von Meiningen hatte das Hochstift als Ausgleich für die Verluste an Bamberg im Jahr 1007 ganze 150 Hufen (Bauerngüter) Land erhalten, dazu Grafenrechte im Waldsassengau in der Osthälfte des Spessarts und im Rangau zwischen Fürth und Ansbach. Größere Forst- und Wildbannbezirke um Burgbernheim, im Steigerwald, im Spessart und um Mellrichstadt sowie weiterer Besitz am Neckar und am Rhein waren hinzugekommen. Doch nirgendwo war es den Bischöfen gelungen, größere zusammenhängende Besitzkomplexe zu schaffen, in denen einheitliche herrschaftliche Rechte bestanden.

Gelegentlich versuchte das Hochstift, durch Verkauf oder Tausch Fernbesitz abzustoßen. So tauschte etwa Bischof Embricho eine Brücke samt Brückenzoll im oberösterreichischen Wels, die Bischof Adalbero aus Familienbesitz dem Hochstift vererbt hatte, gegen näher gelegene Güter. Markgraf Ottakar von Steyer, der als Vogt im Auftrag des Bischofs Brücke und Einnahmen verwaltete, wickelte den Tausch ab.

Unter Embricho tritt auch die bischöfliche Kanzlei deutlicher hervor, die eine konzentriertere Verwaltung ermöglichte. Besonders gefährdet war der Würzburger Besitz, der nach der

Gründung Bambergs plötzlich auf fremdem Diözesangebiet lag. 1152 wurden auswärtige Güter mit dem Kloster Langheim getauscht. 1157 klagte der Bamberger Hochstiftsvogt vor dem kaiserlichen Gericht, dass Gebhard von Henneberg sich im Hochstift Bamberg herzogliche Rechte anmaße. Gebhard verlor den Prozess und musste Besitz und Rechtstitel an Bamberg abtreten.

Viel halfen alle diese Maßnahmen zur Abrundung von Besitz jedoch nicht. Der weltliche Herrschaftsbereich des Würzburger Bischofs blieb ein unzusammenhängender Flickenteppich. Trotz einiger Verbesserungen im 13. Jahrhundert sowie im späten Mittelalter gelang es dem Würzburger Bischof nie, ein geschlossenes Territorium aufzubauen. In bis zu 2.000 verschiedenen Orten hatte er an der Wende zur Neuzeit einzelne und je unterschiedliche Besitztümer, Einnahmen und Rechtstitel.

Verhindert wurde der Aufbau eines geschlossenen Herrschaftsgebietes vor allem durch die zahlreichen anderen weltlichen Herrschaftsträger, die sich nach dem Ende des älteren fränkischen Herzogtums im Jahr 939 ungehindert hatten ausbreiten können. So hatten an den Rändern oder auch mitten im Diözesangebiet viele Grafen- oder Herrengeschlechter ihre Herrschaften aufgebaut. Im Westen und Norden des Bistums lag nicht nur das Diözesangebiet des Erzbistums Mainz. Auch weltlicher Besitz des Mainzer Bistums, dazu Güter der bedeutenden Reichsklöster Fulda und Hersfeld ragten in den Würzburger Diözesansprengel hinein.

Im Nordosten lag die Grafschaft Henneberg zu einem großen Teil auf dem Gebiet des Bistums und behinderte den weiteren territorialen Ausbau. Umgekehrt bildeten die thüringischen Hufen um Meiningen eine Würzburger Enklave mitten im Henneberger Hoheitsgebiet. 1053 verlieh der Würzburger Bischof Meiningen ein Stadtgericht und richtete auch ein Zentgericht dort ein, um seine weltlichen Rechte in dieser Besitzenklave zu stärken. Im Norden förderte Friedrich Barbarossa die neue Reichsstadt Schweinfurt, indem er auf vorhandenem Königsgut eine Reichsburg errichtete. Sie konnte schließlich ein eigenes

Territorium zwischen würzburgischem und hennebergischem Besitz ausbauen.

Das Herzogtum Sachsen, das Hochstift Bamberg, die Burggrafschaft Nürnberg, ab 1191 in der Hand der Grafen von Zollern, beschränkten den Erwerb von Gütern im östlichen Teil des Bistums. Zwischen dem Westhang des Steigerwaldes und dem Main bauten auch die Herren von Castell ihre Herrschaft auf. Um 1200 stiegen sie zur Grafenwürde auf. Mit den späteren Markgrafen von Ansbach sollte das Hochstift im 15. Jahrhundert noch manch kriegerische Auseinandersetzungen austragen. Hier konnte Hochstiftsbesitz kaum bis über das gerade 25 km von Würzburg entfernte Ochsenfurt hinaus ausgedehnt werden. In einem erheblichen Teil des südlichen Diözesangebietes hatten die Herren von Hohenlohe dem Hochstift keine Chance für Expansion gelassen. Größere eigene Territorien, die weitere Sperrriegel bildeten, besaßen auch die Reichsstädte Rothenburg, Schwäbisch Hall, Heilbronn und Wimpfen.

Im Südwesten gab es zwei bedeutende Adelsgeschlechter: die Herren von Dürn, deren Gebiete sich zwischen Mainz und der Jagst erstreckten, und die Herren von Wertheim, die 1132 zu Grafen aufstiegen. Ihr Herrschaftsgebiet mit Zentrum um die Burg Wertheim am Zusammenfluss von Main und Tauber lag vollständig auf Diözesangebiet. Weiter nördlich begann Graf Ludwig I. von Loon ab 1168, Rieneck zu einem neuen Herrschaftssitz auszubauen. Die Grafschaft Rieneck wuchs rasch und verhinderte einen Ausbau von Hochstiftsbesitz in Richtung Spessart, wo an der Grenze zum Mainzer Gebiet eigentlich schon einige würzburgische Güter und Wälder den Keim zur Territorienbildung gelegt hatten. Als Burggrafen von Mainz besaßen die Rienecker außerdem dort einen ähnlich großen Einfluss wie die Henneberger in Würzburg.

Mitten im Diözesangebiet hatten zahlreiche Herren edelfreier oder ministerialischer Herkunft begonnen, ebenfalls Burgen und Herrschaftskomplexe zu errichten. 1148 erbaute Marquard III. von Grumbach in der Nähe des Klosters Neustadt am Main

Innerhalb der Diözese trieben neu aufsteigende Geschlechter ihre Herrschaftsbildung mit dem Bau von Burgen voran. Oben: Burg Wertheim mit Bergfried aus dem 12. Jahrhundert. Unten: Burg Rieneck, begonnen um 1150.

die Burg Rothenfels. Damit war der Besitz des Klosters bedroht, das Würzburg an sich zu binden versucht hatte. Bischof Siegfried von Truhendingen wollte 1150 durchsetzen, dass die Burg beim Aussterben der Grumbacher an das Kloster fallen solle. Tatsächlich rückten aber die Rienecker in das Erbe ein, und erst im späten Mittelalter gelang es, die Burg zu einem würzburgischen Verwaltungssitz auszubauen.

Selbst unmittelbar vor den Mauern der Stadt wurden Burgen gebaut. So errichteten um 1170 Dienstmannen des Würzburger Bischofs auf dem nur wenige Kilometer nördlich der Domstadt gelegenen Ravensberg eine Burg, nach der sie sich Herren von Ravensburg nannten. Auf der anderen Mainseite bei Erlabrunn lag die Burg Falkenberg. Gemeinsam beherrschten diese beiden Geschlechter das gesamte Maintal und damit alle Zugänge zur Stadt von Norden her – und zwar sowohl zu Land als auch zu Wasser. Ursprünglich taten sie dies im Dienst des Bischofs. Doch neigten solche aufstrebenden Ministerialengeschlechter auch dazu, ihre eigenen territorialen Interessen notfalls gegen ihre Herren durchzusetzen. Am 3. Dezember 1202 eskalierte ein solcher Konflikt: Bodo von Ravensburg und Heinrich von Falkenberg ermordeten den Würzburger Bischof Konrad von Querfurt.

Bischöfliche Amtsburgen als Herrschaftszentren

Der Bischof von Würzburg hatte dem Streben der vielen kleinen und großen Herren nach Territorienbildung innerhalb seines geistlichen Bezirks kaum etwas entgegenzusetzen. Die Chance, den Bistumssprengel wenigstens in weitgehende Übereinstimmung mit Besitz und weltlicher Herrschaft zu bringen, bestand nicht einmal in Ansätzen. Lediglich im Umfeld der Stadt, im Maindreieck nach Norden hin in Richtung der Henneberger, ließ sich ein Raum ausmachen, in dem weltlicher Besitz und geistliche Rechte ohne allzu viele und allzu mächtige Konkurrenten verdichtet werden konnten. Dieser nahm jedoch nicht einmal ein Fünftel des Bistumsgebiet ein und war ebenfalls keineswegs geschlossen. Noch am Ende des Alten Reichs wurde der noch immer verstreute Hochstiftsbesitz auf zusammengenommen etwa 5.000 km^2 geschätzt – bei einer Fläche von ca. 20.000 km^2 Diözesangebiet.

Die vielfältigen Aufgaben des Bischofs, die geistliche Leitung des Bistums, der aufwendige Reichsdienst, der mit häufigen und längeren Abwesenheiten verbunden war, ließ nicht viel Zeit, um sich mit den weltlichen Konkurrenten im territorialen Aufbau zu messen. So sind bei vielen Bischöfen des 12. Jahrhunderts kaum Bestrebungen in diese Richtung festzustellen. Unterstützung hätte aus den Reihen des Domkapitels kommen können. Schließlich waren die Kiliansbrüder auch für Erhalt und Förderung der Besitztümer des heiligen Kilian verantwortlich. Doch befanden gerade sie sich oft in einem Interessenskonflikt. Schließlich entstammten sie meist jenen Geschlechtern, gegen die sich eine territoriale Expansion des Hochstifts hätte richten müssen.

Die Notwendigkeit, den Hochstiftsbesitz konsequenter zu nutzen, war jedoch unübersehbar. Die zahlreichen Burgen, die sich die Herren- und Grafengeschlechter im Bistum errichteten, waren augenfällige Zeugen für deren Herrschaftsausbau zu Lasten des Hochstifts. Dass Bischof Herold 1168 die Burg Bramberg schleifen ließ, kaum dass er die Machtmittel dazu in die Hand bekam, zeigt die Bedeutung solcher befestigten Herrschaftssitze. Auf einem Bergsporn in den Haßbergen hatten sich die edelfreien Herren von Bramberg eine Burg errichtet, von der aus sie als Amtleute der Bamberger Bischöfe Würzburger Territorium bedrohten. In der Folgezeit ließ der Bischof von Würzburg dort eine eigene Burg mit einem Verwaltungszentrum errichten.

Um das vorhandene eigene Territorium in den Aufbau möglichst geschlossener Herrschaftsbezirke einbeziehen zu können, mussten Grundbesitz, Gerichte und Verwaltung abgesichert werden. Bischof Heinrich von Stühlingen (1159 – 1165) unternahm etwa deutliche Versuche zur Vereinheitlichung der Gerichtshoheit im inneren Ausbau des Hochstifts. Sein Vorgänger hatte bereits den Besitz um Meiningen mit einem eigenen Gericht zu sichern versucht. Doch ohne militärische Machtmittel waren solche Versuche wenig aussichtsreich. Der Bau eigener Burgen und deren Besatzung mit ergebenen Kriegern musste daher entschieden vorangetrieben werden, um im Ringen mit der weltlichen Konkurrenz mithalten zu können.

Das Hochstift besaß hier den entscheidenden Vorteil größerer finanzieller Ressourcen. Es konnte unfreie Ministerialen oder auch freie Herrengeschlechter an sich binden, indem sie auf solchen Burgen als Amtleute eingesetzt wurden. Das damit verbundene Amtsgut musste als Lehen aus der Besitzmasse des Hochstifts genommen werden. Dies verminderte zwar direkte Einnahmen. Dafür erhielt der Bischof loyale Amtsträger, die durch den Lehenseid an ihn gebunden waren. Im Zweifelsfall mussten sie auch im Kampf mit ihrem Leben für das Hochstift einstehen, das ja selbst keine ständigen Truppen unterhielt. Dem stand natürlich die Gefahr gegenüber, dass jene Amtsleute der Kontrolle entglitten und Lehnsbesitz des Hochstifts stillschweigend entfremdet wurde.

Die Errichtung der Salzburg ist ein Beispiel für die Kombination aus Burgenbau und Ministerialenbestellung zur Absicherung des Würzburger Territoriums. Um Neustadt an der Saale hatte das Hochstift bereits einigen Besitz. 1057 konnte Bischof Adalbero von Königin Richeza im Tausch gegen lebenslange Nutzungsrechte an den Thüringer Hufen ihr Erbgut Salz erwerben. Nach ihrem Tod 1063 war der Besitz in Thüringen wieder an das Hochstift zurückgefallen. Mit Salz verfügte Würzburg über weiteren ausbaufähigen Besitz im Grabfeldgau am Oberlauf der fränkischen Saale. Auch Würzburger Klöster und Stifte, insbesondere das Benediktinerkloster St. Stephan hatten Besitz in jener Gegend.

Doch nur eine Tagesreise weiter im Norden waren inzwischen die Henneberger zu mächtigen Herren aufgestiegen. Sie hatten Stammsitze und feste Burgen gebaut. Da sie auch noch als Burggrafen und Stiftsvögte in Stadt und Bistum Würzburg fungierten, wurde es immer wichtiger, ihrer territorialen Expansion Einhalt zu gebieten. Außerdem musste der Thüringer Besitz um Meiningen, der vollständig von hennebergischem Besitz umschlossen war, enger an das Hochstift angebunden werden. Nach Süden hatten die Henneberger bereits bis kurz vor Schweinfurt Besitz erworben. Damit bestand auch die Gefahr, dass die Güter des Hochstifts im Grabfeld zwischen zwei Fronten hennebergischer Expansion gerieten und von der Verbindung zu Würzburg abgeschnitten würden.

So war das ehemalige Königsgut Salz bestens dafür geeignet, mit einer bischöflichen Burg versehen zu werden. Umliegender Besitz konnte so besser geschützt und intensiver verwaltet werden. Abgaben ließen sich dort erst einmal sammeln und dann gut gesichert und günstiger nach Würzburg transportieren. Hennebergischen Expansionsplänen sollte mit einem eindrucksvollen Bauwerk, das der Größe nach der Henneburg kaum nachstand, eine deutliche Absage erteilt werden. Mit gut gerüsteten Truppen besetzt, ließ sich im Notfall auch vor Ort wesentlich schneller eingreifen.

Ab etwa 1150 wurde die Salzburg gebaut. Sie entstand also ausgerechnet unter Bischof Gebhard von Henneberg. Gelegentlich wird behauptet, er habe sich bei seinem ersten, gescheiterten Versuch, auf den Würzburger Bischofsstuhl zu gelangen, über die mangelnde Unterstützung seiner Verwandten geärgert. Dies dürfte aber kaum zutreffen, hatten sie doch ein lebhaftes Interesse, einen der ihren zum Bischof zu machen und ihn mit Waffengewalt in seinen Kämpfen gegen Rugger unterstützt. Vielmehr dürfte es der Wechsel der Perspektive gewesen sein, die mit Gebhards Bischofswahl verbunden war. Seine Pflicht galt nun der Förderung von Bistum und Hochstift – notfalls gegen die Interessen seiner Verwandten, deren Pläne er natürlich bestens kannte.

An hervorgehobener Stelle über der fränkischen Saale entstand eine riesige Wehranlage. Aufwand und Kosten müssen enorm gewesen sein. Schon die drei Tagesreisen, die die Burg von Würzburg entfernt war, ließen Planung und Organisation zu einer gewaltigen Herausforderung werden. Das Gelingen war nicht ohne die Unterstützung loyaler bischöflicher Amtsleute vor Ort möglich. Deren Engagement wurde auch belohnt. Sie erhielten innerhalb der Burg eigene kleine Amtssitze, die ihrerseits wehrhafte Steinbauten darstellten. Die Salzburg bietet ein Bild von mehreren Kleinburgen innerhalb einer großen Umfassungsmauer.

Von solchen Burgsitzen aus kontrollierten und verwalteten die bischöflichen Ministerialen den umliegenden Besitz des Hochstifts. Im Notfall würden sie auch für den Bischof ins Feld ziehen. Aus dem 12. Jahrhundert sind nur wenige Namen solcher Amtleute erhalten. Ein Geschlecht scheint sich dabei besonders hervorzutun, das sich schon bald nach der Burg zu nennen beginnt. 1193/94 werden ein Vogt („advocatus“) Otto und ein Schultheiß („scultetus“) Heinrich de Saltzberc urkundlich genannt. Ab 1200 gibt es mehrere Dienstmannen („urbani“).

So entwickelte sich bald ein Ministerialenzentrum, in dem sich mehrere Familien die Aufgaben teilten und eine starke Besatzung stellten. An ihren repräsentativen Bauten innerhalb der Burg sind ihr Rang, ihr Selbstbewusstsein und ihr Wunsch, an adlige Kultur und Rechtsstellung anzuschließen, gut erkennbar. Um Tendenzen der Verselbstständigung zu vermeiden, achteten die Bischöfe stets darauf, dass das Burgtor mit seinem romanischen Portal in direktem Besitz des Hochstifts blieb. Der Zugang zur Burg wurde nie als Lehen an eine Ministerialenfamilie ausgegeben. Die Burgsitze der Ministerialen wurden bald erblich. Über Generationen hinweg entstand so auf engem Raum ein Zusammenleben mehrerer konkurrierender Familien. Dies ging nicht immer konfliktfrei ab. Im Spätmittelalter regelten mehrere Burgordnungen Rechte und Pflichten der einzelnen Besitzer. Die Salzburg zählt trotz mancher Zerstörungen im Bauernkrieg und einem im 18. Jahrhundert einsetzenden Verfall zu den größten erhaltenen Ganerbenburgen Deutschlands.

→ **Ganerbschaft:** Gemeinschaft von Personen, die zur gesamten Hand Anspruch auf ein Erbe erheben kann. Ohne standesspezifische Einschränkung können Ganerbschaften bäuerliche, städtische oder ritterliche Erbengemeinschaften bezeichnen. Häufiger kamen Ganerbschaften im Rittertum vor. Innerhalb einer Familie diente die Ganerbschaft zur Wahrung des Familienbesitzes und der damit verbundenen Erb- und Standesrechte. Bei Ganerbenburgen teilten sich mehrere erbberechtigte Familien mit Anspruch auf Teile der Burg das Gesamterbe in seinen Rechten und Pflichten und legten in Verträgen Nutzung und Zuweisung besonderer Wohneinheiten fest. Nach außen hin konnten solche Ganerbengemeinschaften das gesamthandliche Rechtsverhältnis durch Führen gemeinsamer Namen, Wappen und Siegel dokumentieren.

Nach dem Vorbild der Salzburg entstanden im 12. Jahrhundert noch weitere bischöfliche Amtsburgen. Bis zum Ende des Mittelalters verfügte das Hochstift über ca. 40 Amts- oder Lehnsburgen, die dann vor allem den Nordosten des Hochstifts gegen die Markgrafen von Ansbach abschotteten. Gegen Ende des 12. Jahrhunderts intensivierte sich der Burgenbau. Bischof Konrad von Querfurt (1198–1202) lag mit mehreren Geschlechtern im Streit um territoriale Angelegenheiten, unter anderem mit den Ravensbergern. Er vollendete den Bau der Burg Freudenberg bei Wertheim; im Norden errichtete er an der Saale die Burg Steineck. In Würzburg selbst befestigte er den Marienberg, und eine Tagesreise mainaufwärts gründete er die Stadt Karlstadt, über der ebenfalls eine mächtige Burg thront. Sie richtete sich vor allem gegen eine weitere Expansion der Rienecker.

Eine noch intensivere Territorialpolitik betrieb dann erst wieder Bischof Hermann von Lobdeburg (1225–1254). Er gilt, begünstigt durch das Aussterben zahlreicher Adelsgeschlechter im Hochstift, als der eigentliche Schöpfer des Würzburger Territoriums. In seine Amtszeit fällt neben vielen Erwerbungen auch der Ausbau des Burgensystems. Durch Kauf, Tausch,

Die Salzburg über Bad Neustadt an der Saale. Oben: Die Aufteilung in einzelne Burgsitze innerhalb der Umfassungsmauer ist aus der Luft gut zu erkennen, auch wenn im 18. Jahrhundert einzelne Teile abgebrochen wurden. Unten rechts: Das Tor aus starkem staufischen Mauerwerk in Buckelquadertechnik mit romanischem Portal blieb stets in direktem Eigentum des Hochstifts. Unten links: Einer der Wohnbauten mit Bergfried im Inneren der Salzburg.

Lehnsauftragung oder auch im Kampf gewann er dem Hochstift über ein Dutzend Burgen hinzu. Mit Waffengewalt setzte er sich auch gegen die Henneberger durch, deren Einfluss im Hochstift in seiner Amtszeit fast gänzlich schwand.

→ **Lehnsauftragung:** Dabei überträgt ein Eigentümer seine Güter (z.B. eine Burg) einem anderen, um sie dann von diesem als erbliches Lehen zurückzuerhalten. Er sichert sich und seiner Familie damit dauerhaft den Besitz der Sache, genießt den Schutz seines Lehnsherrn, wird dafür jedoch dessen Vasall.

Die Burgen zeugten auch in weiter Entfernung vom Bischofssitz von Macht und Gegenwart des Hochstifts. Sie sicherten, ordneten und strukturierten den Raum. Mit ihnen wurde das Land weiter für Verwaltung, Verrechtlichung und auch für den Verkehr erschlossen. Zwischen den Burgen und zur Zentrale in Würzburg entstand ein Straßennetz, das für Nachrichtenübermittlung, Abgabentransport, bewaffnete und unbewaffnete Reisen, vor allem auch für den Handelsverkehr genutzt wurde. Das Straßennetz wurde dichter, die Erschließung des Landes leichter.

Auch die Lage der Straßen änderte sich. Führten die wenigen Heer- und Handelswege im frühen Mittelalter meist über Bergrücken und Höhenlagen, so wurden sie nun ins Tal verlegt. Dies vereinfachte und beschleunigte den Transport. Mehr Lasten konnten in kürzerer Zeit bewältigt werden. Der Landesausbau sorgte für dichtere Besiedelung und damit für mehr Wegstationen. Die Burgen und Verwaltungszentren konnten die Reisenden nun auch auf den Straßen in den Tallagen wirkungsvoll schützen. Sicherheit, Versorgung und Bequemlichkeit auf den Straßen stiegen dadurch deutlich an. Der aufstrebende Handel benötigte diese neuen Wege, und umgekehrt belebten diese wiederum das Handelsaufkommen.

DAS RITTERTUM

Die sozialen Veränderungen des 12. Jahrhunderts brachten auch einen Stand hervor, der wie kein anderer das gängige Bild des Mittelalters prägte: den Ritter. Mit Kettenhemd und Körperpanzer, Helm, Lanze und Schwert kämpfte er für das Gute, ob fern der Heimat zur Befreiung des Heiligen Landes von den Heiden oder zu Hause zum Schutz der Armen und Schwachen. Dieses Bild vermittelt jedenfalls die höfische Literatur des Mittelalters, die bis in die Film- und Fernsehwelt der Gegenwart nachwirkt. Die realen Wurzeln des Rittertums sind dagegen nüchterner und weniger glanzvoll. Doch auch eine romantisch verklärte Ideologisierung des Ritters hat ihre Wurzeln in der beginnenden Selbstdarstellung jener Kriegerkaste im 12. Jahrhundert.

Lehnswesen und Kriegertum

Die Wurzeln des Rittertums liegen in der Verbindung von Kriegsdienst und Lehnswesen. Schon zur Zeit Karls des Großen zeigte sich, dass die Aufstellung von Volksheeren für bewaffnete Auseinandersetzungen nicht mehr möglich war. Die Zahl der freien Bauern, denen man eine Heerfolgepflicht auferlegen konnte, nahm ständig ab. Im Gegenzug stiegen die Anforderungen an die Krieger. Häufigere Kriege, die in immer weiterer Entfernung ausgetragen wurden, erforderten längere Abwesenheiten. Die Kämpfer mussten besser gerüstet, mobiler und auch besser geübt sein, um im Feld bestehen zu können. Die Gefahren des Kriegsdienstes und die enormen Kosten für Rüstung und Pferde erforderten eine attraktive Entlohnung, die zugleich Elemente einer rechtlichen Verpflichtung zum Kriegsdienst enthielt.

Seit der ausgehenden Karolingerzeit, verstärkt seit den Ottonen, gewann daher das Lehnswesen eine immer größere Bedeutung. Das Königtum, aber auch geistliche und weltliche Herren, die eine wehrfähige Gefolgschaft benötigten, übertrugen ihren Gefolgsleuten Land. Die wirtschaftliche Nutzung ermöglichte jenen, die nun Vasallen genannt wurden, die Finanzierung des teuren Dienstes für ihre Herren. Der Herr versprach seinem Vasall Schutz, der Vasall seinem Herrn mit seinem Lehnseid Treue und Gefolgschaft. In einem symbolischen Akt wurde diese Beziehung begründet. Der Herr übergab seinem Vasallen einen Grashalm, eine Handvoll Erde oder ein anderes stellvertretendes Symbol für das Lehensgut. Der Vasall leistete den Handgang, legte also seine gefalteten Hände in die offenen Hände des Herrn, um das Schutz- und Dienstverhältnis zu verdeutlichen. Dann leistete er den Treueid. Wurde der Herr nun in einen Waffengang verwickelt, konnte er seine Vasallen aufbieten. In der Regel waren sie verpflichtet, 40 Tage im Jahr Heerfolge zu leisten. Was darüber hinaus ging, musste individuell entgolten werden.

Das Lehnsgut wurde dabei von immer größerer Bedeutung. Es war in der Regel viel umfangreicher und finanziell attraktiver als das Allod genannte Eigengut, das aus freiem Erbe stammte. Lehensgut war seit dem 11. Jahrhundert erblich. Im Fall des Todes von Herr oder Vasall ging die Lehnsbeziehung durch Wiederholung des Lehnsaktes einfach auf den jeweils ältesten Sohn über. Dies förderte die Dynastiebildung. Nur bei offenkundiger Pflichtverletzung und Verrat (Felonie) konnte der Lehensbesitz auch wieder entzogen werden. Angehörige höherer Schichten konnten ihren Lehensbesitz auch weiterverleihen, um ihrerseits Gefolgsleute an sich zu binden. So entstand ein die ganze Gesellschaft durchdringendes System aus Lehensbeziehungen: die Grundlage der mittelalterlichen Feudalgesellschaft.

Das Feudalsystem brachte die Ritter im 11. Jahrhundert hervor; im 12. Jahrhundert vermehrte sich deren Zahl durch das Anwachsen der Bevölkerung und durch den Aufstieg der Ministerialen. An diesem System partizipierten viele: hoher Adel, Grafen, edelfreie Herren, aber auch die ursprünglich unfreien Dienstmannen, deren Amtslehen ebenfalls immer öfter erblich wurden. Jeder, der mit Lehnsgütern ausgestattet und somit zum Kriegsdienst verpflichtet war, durfte sich als „Miles" (lat. Soldat, Kämpfer) oder eben im volkssprachlichen Äquivalent, als Ritter bezeichnen. Ritter sind somit nicht auf einen bestimmten Stand beschränkt.

Waffen und Ausrüstung des Ritters

Ritter konnte jeder werden, dem der Aufstieg in höhere Schichten gelang und dessen Lehnsbesitz es gestattete, Rüstung und Pferd sowie Begleiter zu stellen. Denn der Ritter trat – entgegen unseren Vorstellungen – nie alleine in Erscheinung. Zu ihm gehörte stets sein Knappe, oft auch ein Knecht. Sein Streitroß, ein extrem teures und langwierig ausgebildetes Tier, bestieg der Ritter nur für den Kampf selbst. Für die langen Wege zu den Kriegsschauplätzen benötigte er noch ein Marschpferd, ein weiteres für den Knappen, der ihm gut sichtbar Schild und Lanze zu tragen hatte. Ein drittes Pferd, der Klepper, war für den Knecht bestimmt oder für den Transport der schweren Rüstung, des Gepäcks und des Lebensmittelvorrats. So bildete seit den Kreuzzügen jeder Ritter den Kopf einer kleinen militärischen Einheit, die nach der weithin sichtbaren Lanze Gleve (= Spies, Lanze) genannt wurde.

Seiner Umwelt erschien er mit glänzendem Metall gerüstet und hoch zu Pferd. Ein aus tausenden Ringen geflochtenes Kettenhemd schützte den Körper. Im Laufe des 12. Jahrhunderts wurde es durch den noch schwereren Panzer aus metallenen Platten abgelöst. Er konnte auch schwere Stöße mit der Lanze oder Schwerthiebe gut abwehren, die bei einem Kettenhemd noch wenigstens zu schweren Prellungen oder Knochenbrüchen geführt hätten. Der hölzerne Schild hatte eine annähernd dreieckige Form. Der spitzkegelige Helm, der Kinn und Nacken frei ließ und zum Schutz der Nase einen von der Stirnpartie weit ins Gesicht reichenden Fortsatz trug, wurde durch den Topfhelm abgelöst. Er umgab den gesamten Kopf und ließ nur einen kleinen Sehschlitz frei.

Mit der Lanze versuchte der Ritter, den Gegner im Anrennen vom Pferd zu stoßen. Im Nahkampf war das Schwert, eine teure, nur von Spezialisten geschmiedete Waffe, der lebenslange Begleiter des Ritters. Er erhielt es samt Wehrgehenk zur Schwertleite, einem feierlichen Akt, der das Ende seiner Ausbildungszeit als Knappe und den Beginn eines eigenverantwortlichen Ritterlebens markierte.

→ **Wehrgehenk** (auch Wehrgehänge): Teil der Rüstung. Oft prunkvoll verzierter Gürtel, der über die Schulter oder um die Hüften getragen wird. An ihm wird die Schwertscheide befestigt.

Heere bestanden im 12. Jahrhundert ausschließlich aus heerfolgepflichtigen Vasallen. Da jeder Herr aber nur begrenzte Ländereien als Lehen ausgeben konnte, waren mittelalterliche Heere nicht sehr groß. Als Friedrich Barbarossa 1154 zu seinem ersten Italienzug aufbrach, hatte er ein Heer von 1.800 Rittern bei sich. Zwar bezeichnete er dies als „kleines Heer“ und in späteren Italienzügen konnte er tatsächlich mehr Panzerreiter aufbringen, doch handelte es sich dabei immerhin um ein Reichsheer, zu dem alle geistlichen und weltlichen Großen des Reichs aufgeboten worden waren.

Wie das nach unten sich fortpflanzende Lehnswesen erst die direkt dem König lehnspflichtigen, dann deren Vasallen und Untervasallen dem Heer einverleibte, zeigt der Bericht Ottos von

Freising von der Heerschau, die Barbarossa nach dem Vorbild seiner Vorgänger auf den Ronkalischen Feldern bei Piacenza abhielt, bevor er nach Italien vorrückte: *„Dort wird an einem aufgerichteten Pfahl ein Schild aufgehängt, und durch einen Herold des Hofes wird die gesamte Schar der Ritter, die ein Lehen haben, aufgefordert, in der nächsten Nacht beim König Wache zu halten. Ebenso handeln die Fürsten, die in seinem Gefolge sind, indem jeder von ihnen seine Lehnsmannen durch Herolde vorfordert. Wer dabei gefasst wird, dass er bei dem nächtlichen Wachdienst gefehlt hat, wird am folgenden Tag noch einmal vor den König beziehungsweise die anderen Fürsten und erlauchte Männer geladen, und dabei werden sämtlichen Lehensmannen, die ohne Genehmigung ihrer Herren zuhause geblieben sind, ihre Lehen entzogen"*.

Bei diesem Feldzug Barbarossas, der übrigens 1152 in Würzburg beschlossen worden war, fehlte der Würzburger Bischof mit seinen Truppen. Doch war er entschuldigt, und zu vielen späteren Italienzügen steuerte er unter enormen Kosten ein Kontingent bei oder zog gar selbst mit. Wie viele Ritter das Hochstift aufzubringen hatte, ist nicht sicher. Nach einem Verzeichnis aus dem Jahr 962 hatte Würzburg 60 Panzerreiter zu stellen. Die größten Erzbistümer hatten 100, die Herzöge zwischen 13 und 70 zu entsenden; die Hauptlast des Reichsheeres trug die Kirche. Mehr als 60 dem Bischof lehnspflichtige Ritter wird es jedenfalls kaum gegeben haben.

Wenn sich also kriegerische Auseinandersetzungen innerhalb des Hochstifts abspielten, wie etwa der Kampf Gebhards von Henneberg mit seinem Würzburger Konkurrenten um den Bischofsstuhl, werden sich kaum mehr als jeweils 30 hochgerüstete Ritter gegenübergestanden haben. Was in den Quellen also häufig als „Schlacht" beschrieben wird, glich eher kleineren Scharmützeln, in denen die Repräsentanten der politischen und militärischen Mächte eine gottesurteilsähnliche Entscheidung herbeiführten.

Kämpfe verliefen in ritualisierten Formeln. Man einigte sich durch Boten auf Tag und Ort des Treffens. Im ersten Ansturm zu Pferd mit gesenkter Lanze galt es, möglichst tief in die Reihen des Gegners einzudringen und dessen Ordnung zu zerstören. Dann lösten sich die Gruppen in Einzelkämpfe auf. Überwundene oder kampfunfähige Gegner folgten dem Sieger aus der Schlacht, um sich nach ehrenvoller Gefangenschaft durch Lösegeldzahlungen auslösen zu lassen. Dann kehrte der Sieger in die Schlacht zurück, um sich den nächsten Gegner auszumachen, bis eine Partei hoffnungslos unterlegen die Waffen streckte oder floh. Der Gewinner behauptete dann das Feld, das heißt, er blieb eine Zeit lang – manchmal bis zu drei Tagen – am Schlachtort, um seinen Sieg öffentlich zu demonstrieren. Gemeinsames Standesethos verhinderte dabei größere Blutbäder. Ob in der Realität immer alles so verlief, ist freilich fraglich. Besonders bei Gegnern unterschiedlichen Standes oder bei Schlachtentscheidungen von politisch großer Tragweite konnten Kriege erbittert und überaus blutig ausgetragen werden.

Problematisch war auch das Erkennen von Freund und Feind in der Schlacht. Wie sollte man aus einem schmalen Sehschlitz einen Gegner identifizieren, von dem ebenfalls nichts auf Person und Gruppenzugehörigkeit hinwies? Die Ritter, allen voran die Adligen, begannen daher, sich mit individuellen Symbolen kenntlich zu machen. Auf Pferdedecken, als Helmschmuck, vor allem aber auf dem Schild trugen sie grafische oder bildliche Erkennungszeichen. Oft sind es auch „sprechende“ Symbole, bei den Hennebergern etwa die Henne. So war ein Kämpfer auch im Getümmel der Schlacht zu identifizieren und zugleich wurde verhindert, dass sich Gegner ungleichen Standes miteinander maßen. Diese Symbole führten im 12. Jahrhundert auch zur Entstehung von Wappen und Siegeln. Die adligen Siegel haben anfangs noch die typische Schildform; Symbole, Wappentiere oder Waffen finden sich oft zugleich auf Wappen und Siegel. Der „Wappenschild“ oder „etwas im Schilde führen“ sind Begriffe, die in diese Zeit zurückführen.

Vor allem im Krieg wurden auch kollektive Symbole benötigt, um Gruppenzugehörigkeit anzuzeigen. Aus den Beschreibungen der Italienzüge Friedrich Barbarossas ist bekannt, dass die Eroberung des gegnerischen Fahnenwagens, auf dem Fahnen und Feldzeichen mitgeführt wurden, schlachtentscheidend war. Das Niedersinken des Feldzeichens konnte auch aus der Ferne eines unübersichtlichen Kampfplatzes als Zeichen für Aufgabe oder Flucht gedeutet werden.

Hier liegen auch die Wurzeln der Wappengeschichte Würzburgs. Das älteste Erkennungszeichen zeigt eine schräg gestellte, eingekerbte, von Rot und Gold gevierte Fahne an einer silbernen Lanzenstange. Aus späteren Zeiten stammt die heute noch gebräuchliche Bezeichnung „Würzburger Rennfähnlein". Das „Rennen" deutet dabei auf militärische Wurzeln, den Reiterzweikampf mit scharfen Spießen hin. Eine politisch-symbolische Bedeutung liegt ebenfalls in diesem Wappen. Die Fahne im Schild trat vermutlich im Zusammenhang mit der Herzogserhebung des Würzburger Bischofs 1168 erstmals auf. Der Bischof war damit zum Träger eines Fahnlehens geworden, bei dem der König oder Kaiser dem Inhaber während der Belehnung eine Fahne als Symbol überreichte. Ganz deutlich wird dieser Zusammenhang aber im 12. Jahrhundert noch nicht. Auch in späteren Zeiten steht das Rennfähnlein neben dem Fränkischen Rechen noch recht undifferenziert als Wappensymbol für das Herzogtum, das Hochstift und das Bistum sowie auch für die Stadt Würzburg.

Raubritter und Gottesfrieden

Besonders im herrschaftlich zersplitterten Franken, wo nach dem Ende der Karolingerzeit eine starke Ordnungsmacht gefehlt hatte, waren viele Grafen- und Herrengeschlechter herangewachsen, denen nun auch noch die aufstrebenden Ministerialen Konkurrenz machten. Im Aufbau ihrer eigenen Herrschaftsbereiche stießen sie nicht nur mit dem Hochstift Würzburg aneinander, sondern befehdeten sich auch untereinander auf das Heftigste. Dies begann schon im 11. Jahrhundert. Der gewappnete Ritter wurde zu einer Plage für das Land. Die Bevölkerung hatte seinem oftmals brutal durchgesetzten Machtanspruch nichts entgegenzusetzen. In der Konkurrenz zu umliegenden Herren genügte oftmals ein kleiner Funke, um langjährige, blutige Fehden auszulösen. So entstand der Ruf des Raubritters. Mit dem Vorwurf der Raubritterei begründete Bischof Herold 1168 die Schleifung der Burgen Bramberg bei Haßfurt und Frankenberg bei Amorbach. Vor allem beim Klerus standen die Ritter anfänglich in denkbar schlechtem Ruf brutaler und gottloser Schlächter.

Solche Fehlentwicklungen stellten eine Gefahr für die Sicherheit und die Ordnung des öffentlichen Lebens dar. Die ersten Initiativen zur Eindämmung der Gewalt gingen von der Kirche in Südfrankreich aus. Schließlich verkündeten auch Reichsbischöfe 1083 in Lüttich und Köln und 1085 in Mainz „Gottesfrieden" genannte Friedensordnungen. Sie sollten auch die bischöfliche Territorialherrschaft stärken, indem sie den Bischöfen Instrumente in die Hand gaben, um gegen konkurrierende weltliche Adlige vorzugehen. Kämpfe und Fehden wurden an bestimmten Wochentagen oder Zeiträumen des Kirchenjahrs verboten. Wer sich nicht daran hielt, wurde exkommuniziert. Unterstützung erfuhren die Bischöfe vom Mönchtum und natürlich auch von denjenigen Schichten, die unter der alltäglichen Gewalt am meisten zu leiden hatten.

→ **Gottesfrieden** (lat.: treuga dei): Eidlich gelobter Sonderfrieden von Bischöfen in Verbindung mit weltlichen Herrschaftsträgern zur Eindämmung krimineller Handlungen oder Fehden der waffentragenden Schichten. Bestimmte Personen, Sachen oder Gebiete wurden unter Schutz gestellt und Waffenhandlungen für bestimmte Tage oder Zeiten des Kirchenjahres verboten. Über Südfrankreich und Nordfrankreich verbreitete sich die Gottesfriedensbewegung im 11. Jahrhundert auch im Reich. Im 12. Jahrhundert kamen Reichs- und Landfrieden unter Beteiligung des Königtums hinzu.

Im 12. Jahrhundert schaltete sich dann auch das Königtum in die Gottesfriedensbewegung ein. Der erste Gottesfriede, der

Darstellung der Höllenstrafen im Hortus Deliciarum der Herrad von Landsberg (1167 bis 1195 Äbtissin des Klosters Hohenburg auf dem Odilienberg). Bewaffnete Ritter („armati milites“) werden samt Rüstung von Teufeln in einen Kessel kochenden Wassers gestürzt. Die Originalhandschrift des reich illustrierten Hortus Deliciarum, einer lateinischen Enzyklopädie aus dem 12. Jahrhundert, verbrannte 1871 in der Bibliothek von Straßburg. Vorher wurden glücklicherweise gute, kolorierte Nachzeichnungen angefertigt.

zugleich auch ein königlicher Landfriede war, stammte von Heinrich IV., der in seinen letzten Regierungsjahren sein durch Investiturstreit, Sachsenkriege und ständige Kämpfe mit den weltlichen Großen zerrissenes Reich stabilisieren wollte. Auf einem Mainzer Hoftag Anfang Januar des Jahres 1103 verkündete er mit der eidlichen Unterstützung der Bischöfe ein knappes Friedensgesetz. Recht lapidar werden Raub, Verwundung oder

Gefangennahme verboten. Die Strafen reichen vom Abschneiden der Haare bis zum Abschlagen der Hand. Schlimmer wog gewiss der Verlust der Lehen, wenn sich jemand der Strafe entzog (MGH Const I, Nr. 74, S. 125f). Unter den Teilnehmern des Hoftages war auch der Würzburger Bischof Emehard (1089–1105).

Viel deutlicher war da schon der Reichslandfriede Friedrich Barbarossas, den er 1152 als erste große Amtshandlung nach der Königskrönung verkünden ließ. Bischof Gebhard von Henneberg war an der Wahl des Staufers beteiligt gewesen und trug gewiss auch den Landfrieden mit. Reichsweit sollte das Bündnis gelten. Die ungewöhnlich detaillierten Bestimmungen spiegeln den rüden Umgang der Ritter untereinander, vor allem aber mit der Bevölkerung wider. Der König erscheint hier gemäß dem biblischen Ideal als Schützer der Schwachen. Die Strafen sind hart. Zehn Pfund Strafe gab es schon für Faustschläge, fünf für Beschimpfungen, die oft Ausgangspunkt für Schlimmeres waren. Bestraft wurde auch, wer Friedbrechern in seiner Burg sicheren Unterschlupf gewährte. Auch Bauern konnten Klagen gegen Ritter führen. Vor dem Sitz des gräflichen Richters durfte kein Ritter in Waffen erscheinen; selbst die Jagd wurde eingeschränkt. Herren waren für ihre Ministerialen verantwortlich, wenn sie sich gegenseitig bekämpften. Für ihre Pferde durften sie nur noch fordern, was am Wegrand und im Wald wuchs und sie nicht mehr nach Belieben bei jedermann unterstellen (MGH Const I, Nr. 140, S. 194ff).

Die Kreuzzüge und die Wandlung der Ritter zu Gotteskämpfern

Gottesfrieden und königliche Bestimmungen versuchten, mit den Mitteln des Rechts die Gewalt einzudämmen. Eine viel größere Wirkung erzielte aber die Kreuzzugsbewegung. Sie gab dem Rittertum eine eigene Ideologie, eine christlich legitimierte Existenzberechtigung. Im November 1095 rief Papst Urban II. während eines Konzils in Clermont zur Rückeroberung der Heiligen Stätten jenseits des Meeres aus den Händen der Ungläubigen auf. Aus seiner nur in späteren Abschriften überlieferten Predigt stammt der berühmte Satz „Nunc fiant Christi milites, qui dudum extiterant raptores: Werdet nun zu Kämpfern Christi, die ihr bislang Räuber wart". Damit gab er den Rittern eine neue, von Gott gestellte Aufgabe. Der Ritter wurde zum Kämpfer für das Christentum. Kampf und Friede, Ehre und Rettung des Seelenheils wurden miteinander vereinbar. Als Kreuzritter zogen sie zu Tausenden in das Heilige Land.

Beim ersten Kreuzzug standen die Milites des Reichs noch zurück. Da sich Heinrich IV. noch im Bann befand, zogen nur englische und französische Ritter über das Meer. Beim zweiten Kreuzzug war dies anders. Inzwischen hatten auch die Predigten Bernhards von Clairvaux Wirkung gezeigt. Der begnadete Redner entfachte in ganz Europa eine wahre Kreuzzugsbegeisterung, indem er den Kreuzrittern Sündenvergebung als Belohnung versprach. Im Norden Frankreichs, in Flandern und auch am Rhein wirkte er besonders intensiv. Seine Predigten dürften auch den Würzburger Raum erreicht habe. Zwar gibt es keinen expliziten Beweis für einen Aufenthalt des großen Zisterzienserabtes in Würzburg. Doch traf er im März 1135 König Lothar von Süpplingenburg auf einem großem Hoftag in Bamberg zur Vorbereitung seines Italienzuges. Bernhard kam von Westen, dürfte also in Würzburg Station gemacht und zusammen mit Bischof Embricho nach Bamberg weitergereist sein. Sein Weg führte vielleicht über die 1127 gegründete Zisterze Ebrach, mit deren Gründungsabt Adam Bernhard eine enge Freundschaft pflegte.

1146 kam Bernhard erneut nach Südwestdeutschland, um einen Gottesfrieden zu verkünden, die Versöhnung zwischen Zähringern und Staufern zu fördern und für den Zweiten Kreuzzug zu werben. Im Dezember 1146 konnte er in Speyer Konrad III. und den jungen Friedrich Barbarossa zur Kreuznahme bewegen. Konrad reiste von dort nach Regensburg weiter, wo Abt Adam von Ebrach im Sinne Bernhards weiterwirkte. Im März 1147 traf man sich in Frankfurt wieder. Vielleicht fällt auch in diese Zeit ein Abstecher nach Würzburg, zumal die Gründungslegende des Zisterzienserklosters Bronnbach (1151) eine Predigt des großen Zisterzienserabtes als Auslöser für die Gründung sah.

Ganz nebenher bewirkte Bernhard auch die Gründung des Templerordens, in dem das Ideal des Ritters im Dienst Christi verwirklicht werden sollte. Aus dem Reich kamen nun zahlreiche Teilnehmer, sicher auch aus dem Würzburger Raum. Ein Teil des Kreuzheeres machte jedenfalls 1147 in Würzburg Zwischenstation. Dabei kam es zu einem Judenpogrom, den auch päpstliche Verbote und Bernhards Intervention nicht verhindern konnten.

Höfische Kultur und Turniere

Mit der Aufwertung des Rittertums änderte sich auch das Selbstbild der Ritter. Sie sahen sich als öffentliche Personen, die vor allem nach Ehre strebten. In ihren Burgenbauten, aber auch durch Mildtätigkeit erhoben sie Anspruch auf Gleichrangigkeit mit dem höheren Adel. Dies äußerte sich selbst in veränderten Tischsitten, durch die man sich im öffentlichen Mahl von der Rohheit vergangener Zeiten absetzen wollte. Zu den Tafelmanieren des Freiherrn Knigge war es zwar noch ein weiter Weg, doch zeigen schon die Vorschriften zur Tischzucht des Tomasîn von Zerklaere (ca. 1186–1238) eine Verfeinerung der Sitten. Nur das eigene Essen soll man mit der Hand berühren und es sich nicht beidseits in den Mund stopfen. Mit vollem Mund zu reden gilt als unfein. Man soll die Hand nicht zugleich mit der seines Nachbarn in die Schüssel stecken und beim Händewaschen auf sozialen Abstand achten: Nicht das Wasser benutzen, in dem sich schon ein Knappe gewaschen hatte (Der Welsche Gast V, 471ff.)! Die Speisen standen in der Mitte des Tisches, einen eigenen Teller hatte niemand. Gabeln wurden erst weit später gebräuchlich; mit dem Messer, das man auch mit dem Nachbarn teilte, schnitt sich jeder ab, was er wollte. Gereicht wurde Wein in Sturzbechern, die auf einen Zug geleert wurden. Zur Demonstration ritterlicher Mäßigkeit wurden sie aber nie ganz gefüllt.

Die spektakulärsten öffentlichen Demonstrationen des neuen Ritterideals waren die Turniere. Das erste dieser Schauspiele soll in Würzburg stattgefunden haben. Otto von Freising, der Chronist Friedrich Barbarossas, schreibt zum Jahr 1127, dass sich König Lothar von Süpplingenburg in der Auseinandersetzung mit seinen staufischen Gegnern hinter die sicheren Mauern Würzburgs zurückgezogen hatte. Seine Gegner, die staufischen Herzöge Konrad und Friedrich, verfolgten ihn bis unmittelbar vor die Mauern und veranstalteten dort zum Spott des Königs „mit ihren Rittern ein Kampfspiel, das man jetzt gewöhnlich Turnier nennt“ (Gesta Friderici, I, 18). Der sportliche und soziale Charakter des Turniers fehlt hier noch. Doch der Bemerkung Ottos von Freising, dass sich das Turnierwesen von hier aus rasch ausbreitete, ist Glauben zu schenken – schließlich wurde schon drei Jahre später ein erstes päpstliches Turnierverbot ausgesprochen.

Der Beliebtheit der Turniere tat dies jedoch keinen Abbruch. Einladungen erfolgten immer häufiger. Die Vielfalt der Kampfspiele war groß. Vom kriegsähnlichen Massenkampf mit Schwert und Streitkolben sowie Stöcken und Keulen für die Knappen über die Tjost, bei der die Gegner zu Pferd mit angelegten Lanzen aufeinander zu stürmten, um sich gegenseitig vom Pferd zu stoßen, bis zum Buhurt, einem Schaureiten zu Pferd, reichte das Spektrum. Allen gemein war die öffentliche Demonstration von Leistungsfähigkeit, Standesbewusstsein und gemeinsamem Ehrenkodex. Solche Veranstaltungen konnten enorme Dimensionen annehmen. Beim Mainzer Hoffest Friedrich Barbarossas zu Pfingsten 1184 anlässlich der Schwertleite seiner Söhne Heinrich und Friedrich gab es mehrtägige Reiterspiele, an denen alle Großen des Reichs teilnahmen. Bis zu 20.000 Zuschauer waren dabei – manche Chroniken sprechen sogar von 70.000.

Lateinische Literatur und Minnesangs Frühling

Mit höfischer Kultur des hohen Mittelalters ist auch das Auftreten des Minnesangs verbunden. Ab der Mitte des 12. Jahrhunderts kam diese hoch ritualisierte Form der Dichtung, in deren Zentrum die Verehrung hoch gestellter Frauen stand, an den Höfen des Reichs auf. Die „Hohe Frau" war dabei stets unerreichbar für den Dichter. Erotische Anziehung wurde poetisch verklärt. Als Vorbilder gelten arabische Dichtungen, die Kreuzfahrer nach Europa gebracht hatten. Französische Troubadoure waren die ersten Minnesänger auf dem Kontinent. Der Minnesang war ritterlich-ethisch geprägtes Sprach- und Musik-Ritual. Ein Ritter, der das Lob einer Dame besang, lieferte damit auch einen kulturellen Kompetenzbeweis, mit dem er sich wie in einem Turnier von der Konkurrenz seiner Standesgenossen abzuheben suchte. Wer diese Kunst nicht selbst pflegte, suchte zumindest als Mäzen, bekannte Sänger an seinem Hof zu versammeln, die jedem Fest den nötigen Glanz verliehen.

Der berühmteste Minnesänger des Mittelalters war Walther von der Vogelweide, der zwischen 1190 und 1230 als Berufsdichter von Hof zu Hof zog. Neben seinen Sangsprüchen, in denen er politisch im Sinne seiner Förderer tätig wurde, veränderte er auch den Minnesang. Er wandte sich ab vom Ideal der Hohen Minne und besang in seinen „Mädchenliedern" Formen der „gleichberechtigten Liebe". Politische Dichtung, Formensprache und seine starke Betonung des „Ichs" machen ihn nach dem Urteil der meisten Literaturwissenschaftler zum bedeutendsten Lyriker des Mittelalters. Am schönsten findet sich Walthers neue Sicht des Minnesangs im Lied „Unter der Linden", das aus der Sicht der Geliebten vom irdischen Paradies der Liebe kündet:

„Under der linden
an der heide,
dâ unser zweier bette was,
dâ muget ir vinden

schône beide
gebrochen bluomen unde gras.
Vor dem walde in einem tal,
tandaradei,
schône sanc diu nahtegal.“

Durch Würzburg wird Walther bei seinen zahlreichen Reisen im Gefolge der Herren des Öfteren gekommen sein. Bis 1198 lebte er am Hof Herzog Friedrichs I. von Österreich (1194–1198). Nach dessen Tod auf der Heimreise von einem Kreuzzug schloss er sich Philipp von Schwaben (1198–1208) an, der 1190 sogar einmal erwählter Bischof von Würzburg war. Walther begleitete Philipp seit der Königskrönung 1198 in Mainz bis spätestens 1204 und unterstützte ihn mit Sangsprüchen in der Auseinandersetzung mit seinem welfischen Konkurrenten Otto IV. Ab 1212 hielt sich der Dichter im Umfeld Friedrichs II. auf.

Der Minnesang dürfte spätestens unter Heinrich VI. (1169–1197) nach Würzburg gekommen sein. In der Umgebung des Kaisers, der Würzburg neunmal einen Besuch abstattete, hielten sich Dichter wie Friedrich von Hausen, Bligger von Steinach und Bernger von Horheim auf. Vielleicht sang er sogar selbst. Unter dem Namen Kaiser Heinrichs sind in der Manesseschen Liederhandschrift einige Lieder überliefert. Philipp von Schwaben hielt sich achtmal in Würzburg auf, Friedrich II. (1211–1250) sechsmal. Auch wenn kein Lied und kein Spruch Walthers direkt auf die Stadt am Main Bezug nimmt, so dürfte er doch gelegentlich hier gewesen sein. Mit Bischof Konrad von Querfurt, der Philipp von Schwaben lebhaft unterstützte, traf er nachweislich auf dem von Walther gepriesenen Hoftag zu Magdeburg zusammen. Konrad hielt sich regelmäßig am Hof der Landgrafen von Thüringen auf, wo auch Walther verkehrte. In einem seiner am Thüringer Hof entstandenen Lieder zeigen sich übrigens auch die Grenzen des Einflusses von Dichtkunst auf das höfische Leben: Walther beklagte sich lebhaft über den Lärm betrunkener Ritter, die sich für seine Lyrik nicht interessierten.

Kaum zu bezweifeln ist, dass Walther von der Vogelweide in Würzburg begraben wurde. Um 1220 erhielt er endlich das ersehnte Lehen, mit dem er einen Platz fürs Alter fand:

„Ich hân mîn lêhen, al die werlt, ich hân mîn lêhen.
Nû entfürhte ich niht den hornunc an die zêhen,
und will alle boese hêrren dester minre flêhen.
Der edel künec, der milte künec hât mich berâten,
daz ich den sumer luft und in dem winter hitze hân.
Mîn nâhgeburen dunke ich verre baz getân:
Sie sehent mich niht mêr an in butzen wîs als sî wîlent tâten.
Ich bin ze lange arm gewesen ân mînen danc.
Ich was sô voller scheltens daz mîn âten stanc:
Daz hât der künec gemachet reine, und dar zuo mînen sanc.“

Im Stift Neumünster, das in enger Beziehung zum Staufischen Königtum stand, dürfte er seine letzten Lebensjahre verbracht haben. Ein Kleriker des Stifts, der berühmte Literatursammler Michael de Leone, überliefert zur Mitte des 14. Jahrhunderts die Nachricht, dass sich Walthers Grab im Kreuzgang

Das Denkmal für Walther von der Vogelweide im Kreuzgang des Neumünsters

des Neumünsters befunden habe. Auch die Grabinschrift, die zu dieser Zeit noch zu lesen war, teilte er mit. Dass er in sein Hausbuch auch eine Sammlung der Lieder Walthers aufnahm, die er vielleicht in der Bibliothek des Neumünsters vorgefunden hatte, verleiht der Notiz noch eine besondere Glaubwürdigkeit. Heute erinnert an alter Stelle ein Denkmal an Walthers Grab. Ein Ausspruch von Walthers späterem Dichterkollegen Hugo von Trimberg umgibt den monumentalen Stein: „Her Walther von der Vogelweide, swer des vergaeze, der taet mir leide". Noch heute legen Besucher neben Blumen auch regelmäßig Körner in die Vertiefungen auf der Oberseite, um ein legendenhaftes Vermächtnis Walthers zu erfüllen. Er habe sich gewünscht, dass an seinem Grab die Vögel gespeist würden.

Natürlich wurde in der Bischofsstadt mit ihrer großen Dichte geistlicher Institutionen auch die lateinische Literatur gepflegt. Die Bibliothek des Doms sowie die Handschriftensammlungen der Klöster und Stifte wuchsen weiter. Manches Werk entstand aus der Feder Würzburger Autoren. Der Abt des Benediktinerklosters St. Stephan Ezzo (1094–1125) schrieb zu Beginn des 12. Jahrhunderts ein umfangreiches Werk über die Liturgie mit dem Titel „Libri II de ecclesiasticis officiis". Unter Abt Raphold (1144–1165/66) wuchs die Klosterbibliothek merklich an, und auch das Skriptorium des Klosters begann mit zahlreichen Abtsurkunden und Urkundensammlungen in Form von Rotuli hervorzutreten. Zur gleichen Zeit entstand unter Bischof Embricho auch eine funktionierende bischöfliche

Pergamentrotulus des 12. Jahrhunderts aus St. Stephan. Auf diesen für Franken seltenen, zusammengenähten und aufgerollten Pergamentblättern wurden die Urkunden über Schenkungen und Rechte des Klosters eingetragen (Staatsarchiv Würzburg, Kloster St. Stephan Würzburg Urkunden 1).

Kanzlei. Mit mehreren eigenen geistlichen Dichtungen wurde Embricho auch als Autor tätig.

→ **Rotulus:** Schriftrolle, in der Antike die gebräuchlichste Buchform, im Zuge der Christianisierung durch das Buch (Codex) in der heute üblichen Form ersetzt. Im Urkundenwesen hatte der Rotulus noch ein mittelalterliches Nachleben. Besonders im bayerischen Raum legten viele Klöster Sammlungen ihrer Besitz- und Rechtstitel an, indem sie Abschriften auf zusammengenähten und aufgerollten Pergamentblättern anlegten. In Franken gibt es nur aus dem Würzburger Kloster St. Stephan zwei hochmittelalterliche Rotuli.

Die Domschule bestand nach ihren großen Erfolgen im 11. Jahrhundert auch unter der Konkurrenz der französischen Kathedralschulen und frühen Universitäten fort. Der Domscholaster Johannes Gallo besaß eine bemerkenswerte Handschriftensammlung juristischer Werke, die er dem Dom hinterließ. Er hatte offenbar in Bologna studiert, das sich in jenen Jahren auf dem Weg zu einer der ersten europäischen Universitäten befand. Bischof Gottfried I. gilt als Verfasser eines Berichtes über den Kreuzzug Friedrich Barbarossas. Das kurz vor seinem eigenen Tod entstandene Stück war dem Kölner Erzbischof gewidmet. Der Kleriker Johannes von Würzburg schrieb nach einer Pilgerfahrt ins Heilige Land 1160/70 eine „Descriptio Terrae Sanctae", in der die Leistungen fränkischer Ritter besonders herausgestellt wurden. Die beiden Neumünsterkleriker Heinrich von Wiesenbach und Wortwin gelten als Rechts- und Verwaltungsspezialisten. Sie stiegen in die staufische Königskanzlei auf und prägten das Urkundenwesen Konrads III. und Friedrich Barbarossas. Sie waren nicht die einzigen – Franken wurde zum Hauptrekrutierungsraum der Königskanzlei. Auch die Jüdische Synagoge und die Schule bereicherten das geistige Leben.

WÜRZBURG, DAS REICH UND DAS FRÄNKISCHE HERZOGTUM

In der territorialen Landschaft des Reichs hatte Würzburg stets eine besondere Stellung inne. In die Ottonenzeit fiel der Ausbau des Raumes zur Königslandschaft. Die bis 1125 regierenden Salier benötigten einen aus königlicher Machtbefugnis eingesetzten Bischof zur Aufrechterhaltung ihrer Herrschaft. Für Heinrich IV. war Würzburg eine sichere Pufferzone zwischen seinen sächsischen und süddeutschen Gegnern. Die Staufer (seit 1138) nahmen schließlich weniger unmittelbaren Einfluss auf die Bischofswahl. Dafür wuchs die strategische Bedeutung des Bistums. Es war ein sehr wichtiger Durchgangsraum zwischen den anderen politischen Zentren des Reichs. Nicht weit vom staufischen Hausgut gelegen, trennte es die beiden bedeutendsten Herzogtümer des Reichs, Sachsen und Bayern. Bis zum Sturz Heinrichs des Löwen (1129/30 – 1195) und dem Übergang Bayerns an das Haus Wittelsbach im Jahr 1180 waren beide in welfischer Hand. Um so wichtiger war es, im Würzburger Bischof einen loyalen Unterstützer königlicher Politik zu wissen.

Das Reich zu Gast in Würzburg

Die geographische und geopolitische Lage führte zu häufigen Besuchen der Könige in Würzburg. Bedeutende Reichstage wurden regelmäßig in die Stadt am Main verlegt. Die Staufer machten Würzburg zu einem Zentrum des Reichs. Sie zogen ohnehin neben den eigenen Pfalzen die Bischofssitze und die entstehenden Städte als Schauplätze für Reichsversammlungen vor. Die alten Reichsklöster konnten dem gesteigerten Repräsentationsaufwand und der Versorgung der zahlreichen Teilnehmer nicht mehr gerecht werden.

Schon der erste Staufer, Konrad III. (1138–1152), machte Würzburg zu seinem bevorzugten Aufenthaltsort. Mit insgesamt 17 Besuchen lag die Stadt deutlich an der Spitze; an Platz zwei folgte Regensburg mit zwölf Königsaufenthalten. Im Schnitt besuchte er Würzburg wenigstens einmal im Jahr. Auch die späten Staufer stiegen häufig in der Domstadt ab. Im Itinerar Heinrichs VI. (1189–1197) kam Würzburg auf neun Besuche, bei Philipp von Schwaben (1198–1208) waren es acht. Erst mit Friedrich II. (1211–1250), dessen Herrschaft sich deutlich nach Italien verlagerte, nahm die Besuchsfrequenz auf sechs Aufenthalte ab.

→ **Itinerar** (von lat. iter = Weg): Darstellung von Verkehrswegen und Straßen, auch Bezeichnung für Straßen- und Stationenverzeichnisse für Reisende, Wanderer, Kaufleute oder Pilger. In der historischen Forschung meint Itinerar die Abfolge herrschaftlicher Reiserouten und Aufenthaltsorte. Da das mittelalterliche Königtum keine Hauptstadt kannte und stets im Reich umherzog, ist sein Itinerar von besonderer Bedeutung. Aus ihm lassen sich Herrschaftsschwerpunkte, politische Dimensionen und Raumerfassung des Königtums ableiten.

Eine ganz besondere Vorliebe für Würzburg hegte Friedrich Barbarossa (1152–1189). Für ganze 18 Königsaufenthalte und größere Hoftage wählte er die Stadt am Main. Im ganzen Reich kam lediglich Worms auf einen Besuch mehr. In Italien, dessen Eingliederung in das Reich der größte Teil seiner Mühen galt, kamen lediglich die kaisertreuen Städte Pavia und Lodi sowie das stets widerspenstige Mailand auf mehr Aufenthalte. Mit zehn Urkunden, die Friedrich zugunsten Würzburgs ausstellte, lag die Stadt auch in diesem Bereich in der Spitzengruppe.

Gleich der erste große Hoftag nach seiner Königswahl führte Friedrich Barbarossa im Oktober 1152 nach Würzburg. Er dauerte fast zwei Wochen und versammelte alle wichtigen Großen des Reichs. Innnenpolitische Entscheidungen von großer Tragweite standen an. Im Streit um das Herzogtum Bayern zwischen dem Sachsenherzog Heinrich dem Löwen und dem Markgrafen von Österreich Heinrich II. Jasomirgott neigte sich die Waagschale dem Welfen zu. Die Aussöhnung mit den Welfen machte Fortschritte. In Würzburg wurden auch die Grundlagen für Friedrichs Italienpolitik gelegt. Die Reichsfürsten beschlossen, binnen zweier Jahre einen Romzug anzutreten. Sie hielten Wort: Knapp zwei Jahre später brach man zum ersten Italienzug Barbarossas auf, der zu seiner Kaiserkrönung am 18. Juni 1155 in der Peterskirche in Rom führte.

Für den Würzburger Bischof, der als Lehensnehmer des Reichs für die Gastung des Königs, seines Hofes und der zahlreichen Teilnehmer aufzukommen hatte, bedeutete dieser Reichstag eine große finanzielle Belastung. Erschienen waren ein Erzbischof, zwölf Bischöfe, zwei Äbte, vier Herzöge, vier Pfalzgrafen, vier Markgrafen und ein weiterer Graf, dazu noch zahlreiche Gesandtschaften aus dem Reich und aus Italien sowie weitere lokale geistliche und weltliche Große. Samt Gefolge waren wohl wenigstens 500 Gäste zu beköstigen. Und dies war nur der Auftakt zu einer dichten und regelmäßigen Folge von Königsaufenthalten des Staufers. Der nächste erfolgte bereits im September 1153. Nach eineinhalbjähriger Abwesenheit in Italien war Würzburg im Oktober 1155 wieder eine der ersten Stationen nach der Rückkehr ins Reich. Weitere 15 Aufenthalte folgten bis zum Tod des Kaisers 1189.

Die Hochzeit Friedrich Barbarossas mit Beatrix von Burgund

Ein Ereignis reichsweiter Aufmerksamkeit war im Jahr 1156 die Hochzeit Friedrich Barbarossas mit Beatrix von Burgund, für die der Bräutigam Würzburg als Schauplatz auswählte. Ganze 27 Chroniken und Annalenwerke berichten von dem Ereignis. Otto von Freising schildert den Auftakt der Feierlichkeiten mit den Worten: *„In der darauf folgenden Woche feierte er in Würzburg, einer Stadt Ostfrankens, mit königlichem Gepränge in Anwesenheit vieler Fürsten, die Hochzeit mit Beatrix, der Tochter des Grafen Reinald. Jener Reinald leitete seinen Ursprung von einem alten und erlauchten Geschlecht der Burgunder her und wurde der Graf desjenigen Burgund genannt, das einst vom König Rudolf dem Kaiser Heinrich, Konrads Sohn, testamentarisch hinterlassen und ein Königreich war.“* Die Hochzeit brachte dem Staufer die Freigrafschaft Burgund ein – und eine Gemahlin, die nach den Schilderungen der Chronisten von außergewöhnlicher Schönheit und großer politischer Klugheit war. Zum Zeitpunkt der Hochzeit war sie mit höchstens 16 Jahren noch sehr jung. In langer, glücklicher Ehe schenkte sie Barbarossa zehn Kinder.

Politik wurde im Umfeld der Feierlichkeiten natürlich auch betrieben. Wibald von Stablo, Abt der Reichsabtei Corvey und Berater Barbarossas, kehrte von diplomatischer Mission aus Byzanz zurück. Der zweite Italienzug musste vorbereitet werden. Die 5.000 burgundischen Krieger, die Beatrix in die Ehe einbrachte, dürften die Reichsfürsten einem neuen Krieg gegen die widerspenstigen oberitalienischen Kommunen geneigter gemacht haben. Die Liste der Teilnehmer ist beeindruckend. Unter ihnen befanden sich Herzog Heinrich der Löwe, Herzog Welf VI. von Spoleto, Markgraf Wilhelm von Montferrat, Graf Guido von Biandrate, Friedrich (der Vetter Barbarossas), Konrad (der Bruder Barbarossas), Pfalzgraf Hermann, Herzog Matthäus von Lothringen, Markgraf Albrecht der Bär, Graf Otto von Wittelsbach mit seinem Bruder Friedrich und Herzog Wladislaws von Böhmen. Zwei Erzbischöfe, sieben Bischöfe, die

Die Kaiserhochzeit Friedrich Barbarossas mit Beatrix von Burgund, Fresko von Giovanni Battista Tiepolo im Kaisersaal der Würzburger Residenz

Herzöge und Grafen mit ihrem Gefolge bildeten eine illustre Gästeschar von mehr als 500 Personen. Sogar englische Gesandte waren gekommen und brachten Geschenke: Ein Prachtzelt, das so groß war, dass man eigene Winden zur Aufstellung konstruieren musste. Der Gastgeber Bischof Gebhard von Henneberg, der den Staufer seit seiner Wahl unterstützt hatte, zeigte damit öffentlich sein hervorragendes Verhältnis zum Kaiser. Dies würde sich – bei allen Kosten – günstig auf das Prestige des Bistums und auf königliche Gegengaben auswirken.

Im historischen Bewusstsein der Würzburger ist die Kaiserhochzeit noch immer lebendig. Dies liegt vor allem an den Fresken im Kaisersaal der Residenz, der 1753 von drei kongenialen Künstlern, dem Architekten Balthasar Neumann, dem Freskenmaler Giovanni Battista Tiepolo und dem Stuckateur Antonio Bossi geschaffen wurde. Das Gemälde mit dem Titel „Die Brautfahrt der Beatrix von Burgund" wurde am Kilianstag des Jahres 1751 feierlich aufgedeckt. Es zeigte im Deckenfresko eine vielfach allegorisch durchwirkte Himmelsszene, in der Prinzessin Beatrix als Personifikation Burgunds dem Genius des Reichs zugeführt wird. In der Hochzeitsszene an der Südwand des Kaisersaals kniet Friedrich Barbarossa in Erwartung der Braut inmitten eines prachtvoll ausstaffierten Hofstaates mit Hofdamen, Fahnenträgern, Fürsten und Kardinälen. Der Bischof, der die Zeremonie von erhöhter Warte aus leitet, ist unverkennbar nicht der Gebhard von Henneberg des 12. Jahrhunderts, sondern trägt die Züge des 600 Jahre jüngeren Karl Philipp von Greiffenclau (1749–1754), der den Auftrag für den Kaisersaal gegeben hatte. So diente schließlich die mittelalterliche Kaiserhochzeit als programmatisches Bild der Selbstdarstellung eines barocken Fürstbischofs.

Der Ort, an dem das Reich im 12. Jahrhundert in Würzburg präsent war, lag am linken Mainufer vor den Mauern der Stadt. Wo sich heute die Deutschhauskirche und das Amt für Ländliche Entwicklung befinden, besaß das Königtum eine „curia", einen verhältnismäßig bescheidenen Königshof. Für die großen Hoftage der Staufer in Würzburg war das Gebäude aber bald zu klein. Es wurde an das Hochstift verkauft und im Gegenzug erwarb Friedrich Barbarossa im Jahr 1172 den Hof „Zum Katzenwicker", wo bisher der königliche Burggraf residiert hatte. Der Hof war der größte der mittelalterlichen Stadthöfe. Er erstreckte sich zwischen der heutigen Hofstraße, der Residenz und dem Stadttheater an der Südostspitze des alten Mauerrings.

Neben Randbebauung mit wehrhaften und repräsentativen Steinbauten sowie Wirtschaftsgebäuden besaß der Katzenwicker auch eine große Freifläche. Hier ließen sich Turniere und große Versammlungen unter freiem Himmel abhalten oder die prächtigen Zelte der Teilnehmer aufstellen. In den nahegelegenen

Domherrenhöfen konnten die hochrangigsten Teilnehmer der Reichstage bequem untergebracht werden. Heute befinden sich auf der Fläche des Katzenwickers, dessen mittelalterliche Bebauung um 1835 abgerissen wurde, Staatsbank, Musikhochschule und das ehemalige Mozartgymnasium. Für eine künftige Nutzung wurde jüngst diskutiert, an dieser prominenten und verkehrsgünstigen Stelle gegenüber der Residenz ein Museum zur Geschichte Bayerns unterzubringen. Der Ort wäre auch in der historischen Dimension keine schlechte Wahl gewesen.

Der Bischof im Dienst des Reichs

Der Reichsdienst umfasste nicht nur die Pflicht zur Aufnahme des stets im Reich umherziehenden Königshofes. Als Lehnsmann des Königs war der Bischof auch zu Rat und Hilfe für das Reich verpflichtet. Dies bedeutete konkret, dass er zu Königswahlen, Krönungen, politischen Beratungen und Hoftagen in den anderen Zentren des Reichs erscheinen musste. Politische Unterstützung und materielle Zuwendungen zur Finanzierung königlicher Aufgaben, vor allem der teuren Heerfahrten und Italienzüge, gehörten zu den Pflichten der Reichsbischöfe. Dies verursachte finanzielle Belastungen und längere Abwesenheiten vom Bischofssitz.

Die zahlreichen Besuche des Würzburger Bischofs bei auswärtigen königlichen Hoftagen lassen sich kaum aufzählen. Längere Aufenthalte in der Umgebung des Königs und schwere Belastungen des Hochstiftsetats sind schon unter Bischof Erlung (1105–1121) zu verzeichnen: Er verhandelte in Frankreich 1107 in Investiturfragen, nahm an Feldzügen nach Polen und Westfalen teil und begleitete Heinrich V. fast zwei Jahre lang während seines Italienzuges 1111/12. Embricho (1127–1146) reiste mit den Königen Lothar und Konrad zwischen Lüttich, Worms, Speyer, Nürnberg und Rom umher und nahm mehrfach auch an kriegerischen Auseinandersetzungen teil. Im Auftrag des Kaisers zog er in diplomatischer Mission bis nach Byzanz. Er starb auf dem Rückweg in Aquileia.

Das zweite Pontifikat Gebhards von Henneberg (1150–1159) stand ganz im Zeichen der Staufer. Wenn er nicht selbst in Würzburg als Gastgeber fungierte, befand er sich ständig in der Nähe Friedrich Barbarossas. 1158 folgte er dem Kaiser auf den zweiten Italienzug, wo er bei der Belagerung Mailands mitkämpfte. Erschöpft nach fast einjährigen Strapazen starb er sieben Tage nach seiner Rückkehr am 17. März 1159 in Würzburg. Sein Nachfolger Heinrich von Stühlingen (1159–1165) zog mit dem Kaiser gleich 1161 wieder gegen Mailand und blieb seinem Bistum fast zwei Jahre fern. Auch Gottfried von Spitzenberg (1186–1190) befand sich längere Zeit am Hof Friedrich Barbarossas, bevor er 1189 mit dem Kaiser zum Kreuzzug aufbrach. Er führte eine eigene Heeresabteilung, die sich mehrfach in Kämpfen auszeichnete. Gottfried erlebte den Tod Barbarossas; er selbst starb kurze Zeit danach in Antiochia an einer Seuche. In seinem letzten Willen soll er verfügt haben, dass wenigstens seine rechte Hand nach Würzburg gebracht werde, damit sein Andenken dort nicht in Vergessenheit gerate. Doch die Überbringer verloren sie auf der Reise (Historia de expeditione Friderice, MGH SSrG N.S. 5, S. 92). Immerhin erhielt er ein öffentlich aufgestelltes Grabmal im Dom. Es ist das älteste einer langen Reihe Würzburger Bischofsepitaphien.

Der Reichsdienst belastete die Finanzen des Hochstifts bis an den Rand des Ruins. Für jeden Königsaufenthalt mussten große Mengen an Vorräten bereitgestellt werden. Für Würzburg fehlen genaue Zahlen. Aber das „Servitium", das um 1050 der weniger leistungsfähigen Abtei Werden für Königsbesuche auferlegt wurde, umfasste acht Kühe, 68 Schweine, 50 Ferkel, acht Pfauen, 195 Hühner, 95 Käse, 870 Eier, über 5 t Getreide und Hafer sowie riesige Mengen an Bier – pro Tag! Für Würzburg werden die Mengen zur Zeit der Staufer noch höher gewesen sein.

Noch teurer war die Ausrüstung der Truppen für den Kriegsdienst. Als Friedrich Barbarossa 1161 zur Unterstützung seines Heerzuges gegen Mailand aufforderte, war das Hochstift finanziell ausgelaugt. Der Bischof fürchtete, er werde es vollends ruinieren, wollte sich aber nicht die Ungnade des Kaisers zuziehen. Nach schwierigen Beratungen kam das Domkapitel zur Hilfe. Der Preis war hoch: Sogar Domschatz und die kostbaren Messgewänder mussten versetzt werden. Dafür ließen sich die Kiliansbrüder sämtliche Höfe des Bischofs als Pfand überschreiben. Selbst diese Summe genügte nicht; das Kloster Ebrach und die Würzburger Juden gaben Kredite (UB St. Stephan 1 Nr. 189).

Ende 1175 forderte der Kaiser Bischof Reginald zum Romzug und verlangte vom Domkapitel finanzielle Unterstützung. Dafür „gab er sich selbst zum Pfand“ (MGH Const. I, Nr. 246), was sich natürlich nicht in klingende Münze umwandeln ließ. So ist es kein Wunder, dass Friedrich Barbarossa dem im Reichsdienst besonders aktiven Gebhard von Henneberg noch nach seinem Tod bedauernd und anerkennend zugleich bescheinigte, dass er sein Bistum „aus Notwendigkeit und dem Dienst am Reiche heraus teilweise verschleudert“ habe (MGH DD FI, Nr. 345).

Das Herzogtum Franken

Ein derartiges Engagement für das Reich erforderte Gegenleistungen. Zumindest die eine oder andere Schenkung von Königsgut durfte erwartet werden. Friedrich Barbarossa wurde den Erwartungen gerecht. Mit insgesamt zehn Königsurkunden für den Bischof von Würzburg versuchte er, einen Ausgleich für die großen Lasten des Reichsdienstes zu schaffen. Darunter fällt etwa die Beseitigung der Zölle auf dem Main, was als wirtschaftspolitische Maßnahme zu werten ist (MGH DD FI, Nr. 165, S. 281f.).

Als Fernziel stand den Würzburger Bischöfen wohl schon seit Beginn des 12. Jahrhunderts eine Standeserhöhung vor Augen, die der herausragenden Stellung des Bistums im Reich gerecht werden sollte. Adam von Bremen († 1081/1085), ein aus Ostfranken stammender Kleriker, schrieb bereits im 11. Jahrhundert in seiner Hamburgischen Kirchengeschichte über den Würzburger Bischof, dass er der einzige Reichsbischof sei, der alle Grafschaften seiner Diözese innehabe und deshalb die Herzogswürde (Dukat) in seiner Provinz ausübe. Dies war sicher übertrieben, zeigt aber Außenwahrnehmung und Selbstverständnis des Bistums. Seit dem Ende des älteren Stammesherzogtums Franken sind immer wieder Versuche zu beobachten, in diese Stellung einzurücken. Bis 1116 trug Bischof Erlung den Titel eines Herzogs, verlor ihn aber an die Staufer. 1120 wurde er dem Bischof mit einer unklaren und angreifbaren Formulierung zurückerstattet und blieb daher ohne Leben. Seine Nachfolger führten ihn nicht mehr.

Eine endgültige Klarheit konnte nur eine kaiserliche Urkunde bringen. Nach zahllosen Anstrengungen für das Reich unternahm Bischof Heinrich von Stühlingen 1164/65 einen weiteren Versuch, die Herzogswürde zu erlangen. Er beauftragte Heinrich von Wiesenbach, einen Kanoniker des Neumünsters, der zum Protonotar der Reichskanzlei aufgestiegen war, gefälschte Urkunden anzufertigen. Dieser kannte die Beurkundungsbräuche der königlichen Kanzlei bestens und schrieb tatsächlich in mühevollster Kleinarbeit drei Urkunden, die vorgeblich von den Kaisern Heinrich II., Konrad II. und Heinrich III. stammten. Sie bestätigten dem Bischof von Würzburg unter anderem, dass neben ihm kein Graf und kein öffentlicher Richter im ganzen Herzogtum Ostfranken Recht sprechen dürfe. Dies war ein hoch gestecktes Ziel. Die Grenzen des alten ostfränkischen Herzogtums umfassten weit über Diözese und Hochstift hinausgehende Gebiete, die dem Würzburger Bischof dann Herrschaftsrechte auch über das verlorene Bamberger Gebiet, über Henneberger, Fuldaer, Mainzer oder Hohenloher Territorium eingebracht hätten.

Die Fälschungen blieben eine Weile unter Verschluss. Vielleicht mussten sie erst ein wenig „altern“. Erst Bischof Herold legte sie 1168 während eines Würzburger Hoftages Friedrich Barbarossa vor und bat um Erneuerung und Bestätigung der althergebrachten Würzburger Rechte. Äußerer Anlass war ein Rechtsstreit mit Bamberg. Doch damit war die Frage nach

Die „Güldene Freiheit", mit der Friedrich I. 1168 die Übertragung der Herzogswürde an Bischof Herold von Würzburg beurkundete (Staatsarchiv Würzburg, Würzburg Domkapitel Urkunden 1168 Juli 10/II, Zweitausfertigung mit Goldbulle).

einem Herzogtum Würzburg offiziell auf der Tagesordnung der Reichspolitik. Man kann sich die Diskussionen lebhaft vorstellen, zumal auf dem Hoftag zahlreiche Große und Grafen anwesend waren, die von einer Herzogerhebung des Würzburger Bischofs Nachteile zu erwarten hatten. Die Urkunden wurden streng geprüft. Sie fielen durch, denn der Kaiser bestätigte sie nicht, wie sonst üblich, im vollen Wortlaut.

Dennoch errang der Würzburger Bischof einen Erfolg. Zum einen musste der Kaiser die unzweifelhaften Verdienste Würzburgs anerkennen und sie entsprechend honorieren, um die Loyalität des Bischofs sicherzustellen. Zum anderen arbeitete Barbarossa ohnehin an einem Umbau der Reichsverfassung. Die alten Stammesherzogtümer galten als nicht mehr zeitgemäß. Neue Herzogtümer, deren Territorien sich nicht mehr an Stammeszugehörigkeiten orientierten, sollten geschaffen werden. Mit Eingriffen in Bayern und der Neuschöpfung des Herzogtums Österreich 1156 war dieser Weg begonnen worden, und gerade waren ohnehin neue Anstrengungen zur Schaffung eines territorialen Gürtels im Reich im Gange. So ließen sich auch die Wünsche des Würzburger Bischofs – freilich in abgeschwächter Form – in eine Neuordnung der Reichsverfassung integrieren.

Am 10. Juli 1086 überreichte der Kaiser Bischof Herold feierlich und in Anwesenheit zahlreicher hochrangiger Zeugen zwei Urkunden, die bis heute im Staatsarchiv Würzburg im Original aufbewahrt werden. Einer einfacheren Kaiserurkunde wurde noch eine besonders festliche Abschrift beigesellt, die eine Goldbulle Friedrichs trug. Dieses Exemplar heißt seit Lorenz Fries die „Güldene Freiheit“ Würzburgs.

Ein ostfränkisches Herzogtum erhielt der Bischof nicht. Friedrich Barbarossa hatte die Fälschungen erkannt und überspielte den Betrugsversuch elegant mit der Formulierung, es mache ihm immer Freude, Altes wiederzuentdecken. Immerhin wurde festgelegt, dass dem Bischof von Würzburg die Hochgerichtsbarkeit in allen Grafschaften, also in seinem ganzen Bistum, zustehe. Niemand außer ihm dürfe dort Zentgerichte ein-

Die Belehnung Bischof Herolds mit dem Herzogtum Würzburg, Fresko von Giovanni Battista Tiepolo im Kaisersaal der Würzburger Residenz

richten. Zwei Burgen, die dem Bistum viel Schaden zugefügt hatten, sollten geschleift und der Kirche zugesprochen werden. Der Titel eines Herzogs in Ostfranken wurde sorgsam vermieden. Es war nur von einem Herzogtum Würzburg die Rede und von der herzoglichen Gewalt innerhalb des Bistums. Damit endete der weltliche Machtanspruch des Bischofs an den Grenzen seines geistlichen Amtsbezirkes.

→ **Goldbulle:** Außer den Päpsten pflegten im Mittelalter Könige und Kaiser, die normalerweise mit Wachs siegelten, besonders feierliche Urkunden mit Siegeln aus Metall, den sogenannten Bullen, zu beglaubigen. Dafür wurden Schnüre auch Seide oder Hanf durch den umgebogenen unteren Rand der Urkunde gezogen und mit einem Metallstück verpresst. Die dabei benutzte

Siegelzange prägte auf die Metallrohlinge Textteile und Bilder, die für die Herrschaftsauffassung und Selbstdarstellung der Herrscher besonders aussagekräftig waren. Für die Bullen wurden meist Rohlinge aus Blei benutzt. Für besonders hochwertige Urkunden konnten auch Rohlinge aus Goldblech verwendet werden.

Dennoch war dieser Machtzuwachs von kaum zu überschätzender Tragweite. Auch wenn es noch längere Zeit brauchte, bis die Bischöfe den Titel regelmäßig und demonstrativ führten, so waren jetzt doch weltliche und geistliche Macht wenigstens innerhalb der Bistumsgrenzen in einer Hand. Gegen Ende des 12. Jahrhunderts verbreitete sich der Spruch, der noch durch die ganze Neuzeit jene Sonderstellung Würzburgs unter allen Bistümern des Reichs kennzeichnen sollte: „Herbipolis sola / iudicat ense et stola: Einzig Würzburg richtet mit Schwert und Stola." Damit gehörte dem Bischof noch lange nicht aller Grund in seinem Bistum, doch konnte er dem weiteren territorialen Ausbau der vielen weltlichen Herren wenigstens in Fragen des Gerichts einen Riegel vorschieben. Der hennebergische Stiftsvogt wurde damit überflüssig. Als Burggraf war er inzwischen ohnehin eher bischöflicher denn königlicher Amtsträger.

Die Herzogswürde stärkte bischöfliche Herrschaft und schuf die Voraussetzungen für den modernen Territorialstaat. Der Bischof wurde zum Fürstbischof. Dies schuf auch für seine Untertanen eine besondere fränkische Identität. Auf Münzen führten die Bischöfe den Herzogstitel und zeigten sich mit Schwert und Krummstab. Das weltliche Herrschaftssymbol des Schwertes ging in die bischöfliche Staatssymbolik ein. Seit dem Spätmittelalter stützen sich alle Bischöfe in ihren Epitaphien im Dom neben dem Hirtenstab auch auf das Schwert. Noch in den letzten Jahren war das mittlerweile in München aufbewahrte fränkische Herzogsschwert des Mittelalters ein Streitobjekt, auf das fränkisches Selbstbewusstsein und regionale Eigenständigkeit projiziert wurden.

Die Herzogserhebung von 1168 blieb noch mehr als die Kaiserhochzeit im öffentlichen Bewusstsein. Auch diesen Akt hielt Giovanni Battista Tiepolo im Kaisersaal der Würzburger Residenz in einem monumentalen Fresko fest. Es kündet von der dauerhaften Wertschätzung dieser Belehnung, die auch in folgenden Jahrhunderten stets das Amtsverständnis der Fürstbischöfe prägte. Dass damit die legislativen und auch die wirtschaftlichen Grundlagen für einen der modernsten und leistungsfähigsten Territorialstaaten der frühen Neuzeit gelegt wurden, bewies der monumentale Prachtbau der Residenz – der „schönste Pfarrhof Europas".

Mit viel Glück überstanden die Werke Tiepolos die Bombardierung der Stadt am 16. März 1945. So zeigen sie auch heute noch inmitten einer barocken Umgebung, dass im 12. Jahrhundert der Kern eines Würzburger Selbstverständnisses und Selbstbewusstseins liegt, das auch heute noch nachwirkt. Für Würzburg wurde das 12. Jahrhundert vielleicht die glücklichste Epoche seiner Geschichte. Stadt, Land und Herrschaft wandelten sich und fanden zu einer Jahrhunderte währenden Gestalt. Würzburg wurde ein eigenes Fürstentum, das fast 650 Jahre überdauerte.

AUSBLICK

Die folgenden Jahrhunderte brachten noch manche Veränderung mit sich. Im 13. Jahrhundert wuchs das bürgerliche Selbstbewusstsein an. Stadtgemeinde und Handwerker strebten nach Autonomie. Der Bischof sah in den Aufständen einen Angriff auf seine gottgewollte Herrschaft. Der lange schwelende Konflikt wurde erst in der Schlacht von Bergtheim im Jahr 1400 kriegerisch entschieden. Die Bürger erlitten eine vernichtende Niederlage und die bischöfliche Stadtherrschaft wurde nie wieder in Frage gestellt. Der wirtschaftliche Niedergang, der daraufhin einsetzte, konnte erst durch Bischof Rudolf von Scherenberg in der zweiten Hälfte des 15. Jahrhunderts wieder aufgehalten werden.

Frühmoderner Territorialstaat und Gegenreformation schufen schließlich einen Untertanenverband, der unter dem Krummstab ein gutes Leben hatte. Konsequente Verwaltung und ein vergleichsweise modernes Rechtswesen ließen ein souveränes geistliches Staatsgebilde entstehen, das auch durch Markgrafenkrieg, Bauernkrieg und Dreißigjährigen Krieg nicht mehr ins Wanken geriet. Die Prachtbauten der Schönbornzeit, vor allem die barocken Kirchenbauten und der gewaltige Baukörper der fürstbischöflichen Residenz, zogen die Künstlerelite Europas nach Mainfranken. Leistungskraft und Selbstbewusstsein jener Epoche der Geschichte Würzburgs stehen dem modernen Besucher der Stadt vielleicht eher vor Augen als die heute nur noch auf den zweiten Blick wahrnehmbaren Hinterlassenschaften des 12. Jahrhunderts. Dennoch wurden gerade in jenem Jahrhundert die Grundlagen für alles noch folgende geschaffen: eine blühende Stadt, königliche Förderung, Handel und Weinbau, Territorialisierung und die Erhebung zum Fürstbistum mit einer eigenständigen Identität. Dies war das aus dem 12. Jahrhundert erwachsene Erbe, das Würzburg 1815 in ein neues Bayern einbrachte.

ANHANG

Zeittafel

1105 Kaiser Heinrich IV. ernennt Erlung zum Bischof von Würzburg; ein Gegenkandidat Heinrichs V. stirbt nach kurzer Zeit

1120 Beginn der Arbeiten an der steinernen Mainbrücke durch Baumeister Enzelin

1122 Doppelwahl: Gebhard von Henneberg und Rugger streiten um den Würzburger Bischofsstuhl

1122 Wormser Konkordat

1126 Der Welfe Heinrich der Stolze wird Herzog von Bayern, ab 1137 auch Herzog von Sachsen. Beginn der Rivalität von Welfen und Staufern

1126 Norbert von Xanten predigt in Würzburg und flieht aus der Stadt, als er zum Bischof gewählt werden soll

1127 Die staufischen Herzöge Konrad und Friedrich veranstalten vor den Mauern der Stadt das erste schriftlich erwähnte Turnier

1127 Gebhard von Henneberg zieht sich nach vergeblichem Kampf um den Würzburger Bischofsstuhl auf die Güter seiner Familie zurück

1128 Eine der ältesten Zunfturkunden: Bischof Embricho bestätigt die Privilegien der Schuhmacher

1133 Der Laie Enzelin übernimmt als Baumeister die Erneuerungsarbeiten am Dom und stiftet eine Kapelle in der Pleich, die zur Pfarrkirche erhoben wird

1134 Fertigstellung von Stift Haug

1138 Gründung des Schottenklosters St. Jakob

1139 Die jüngeren Babenberger übernehmen die Herrschaft im Herzogtum Bayern

1144 Dompropst Otto von Estenfeld stiftet das Dietrichspital

1147 22 Juden werden während des zweiten Kreuzzuges von Kreuzfahrern und einer aufgebrachten Menge ermordet

1150 Beginn der Bauarbeiten an der Salzburg

1152 Erster Hoftag Friedrich Barbarossas nach seiner Königswahl in Würzburg. Der Italienzug zur Erringung der Kaiserkrone wird beschlossen

1156 Friedrich Barbarossa erlässt das Privilegium Minor. Die Ostmark wird von Bayern abgetrennt und zum Herzogtum Österreich. Der Welfe Heinrich der Löwe erhält das Herzogtum Bayern

1156 Friedrich Barbarossa heiratet in Würzburg Beatrix von Burgund

1161 Zur Finanzierung eines Italienzuges Friedrich Barbarossas muss sich der Bischof schwer verschulden; auch die Würzburger Juden geben Kredite

1168 Friedrich Barbarossa überreicht Bischof Herold die „Güldene Freiheit", mit der Würzburg zum Herzogtum erhoben wird

1170 Das jüdische Ehepaar Samuel und Guta kauft den „Rigol"; dort entsteht eine jüdische Wohnsiedlung

1170 Dienstmannen des Würzburger Bischofs errichten auf dem nur wenige Kilometer nördlich der Domstadt gelegenen Ravensberg eine Burg

1172 Friedrich Barbarossa erwirbt den Hof „Zum Katzenwicker" als Ort für Reichs- und Hoftage

1180 Otto von Wittelsbach erhält das Herzogtum Bayern

1188 Weihe des Doms unter Bischof Gottfried von Spitzenberg

1189 Auswärtige Kaufleute verfügen über einen regelmäßigen Anlegeplatz am Mainufer und leisten dem Bischof einen beträchtlichen Vorschuss auf seine Zolleinnahmen

1190 Tod Bischof Gottfrieds von Spitzenberg in Antiochia während eines Kreuzzuges

1190 Der spätere König Philipp von Schwaben wird zum Bischof von Würzburg gewählt, jedoch nicht geweiht

1195 Das erste Stadtsiegel mit der Umschrift Wirciburg

1199 Tod Eckehards, Vicecomes, Stellvertreter des Burggrafen, aus dem Geschlecht de Foro, Erbauer des nach ihm benannten Grafeneckarts

1202 Bodo von Ravensburg und Heinrich von Falkenberg ermorden den Würzburger Bischof Konrad von Querfurt

Grundlegende Literatur

Codex Udalrici, ed. Philipp Jaffé, Berlin 1869 [Neudr. Aalen 1964] (Bibliotheca rerum Germanicarum 5), S. 1–465.

Flachenecker, Helmut (Hrsg.): Pfalz – Ganerbenburg – Stadt, Bad Neustadt 2007.

Hebräische Berichte über die Judenverfolgungen während der Kreuzzüge. Im Auftrage der Historischen Commission für Geschichte der Juden in Deutschland, hrsg. von A. Neubauer und M. Stern, ins Deutsche übers. von S. Baer, Berlin 1892.

Hoffmann, Hermann (Hrsg.): Würzburger Polizeisätze. Ausgewählte Texte, Gebote und Ordnungen des Mittelalters 1125–1495, Würzburg 1955.

Kolb, Peter/Krenig, Ernst-Günter (Hrsg.): Unterfränkische Geschichte, Band 1: Von der germanischen Landnahme bis zum hohen Mittelalter, Würzburg 1989.

Laudage, Johannes (Hrsg.): Rittertum und höfische Kultur zur Stauferzeit, Köln 2006.

Lubich, Gerhard: Auf dem Weg zur „Güldenen Freiheit“. Herrschaft und Raum in der Francia orientalis von der Karolinger- zur Stauferzeit, Husum 1996 (Historische Studien 449).

Lusin, Jörg: Die Baugeschichte der Würzburger Domherrnhöfe, Würzburg 1984.

Mader, Felix: Stadt Würzburg, München 1915 (Die Kunstdenkmäler von Bayern III, 12).

Monumenta Boica 37–46 (Monumenta Episcopatus Wirziburgensis), München 1864–1905.

Müller, Karlheinz: Die Würzburger Judengemeinde im Mittelalter. Von den Anfängen um 1100 bis zum Tod Julius Echters (1617), Würzburg 2004 (Mainfränkische Studien 70).

Petersohn, Jürgen: Franken im Mittelalter. Identität und Profil im Spiegel von Bewußtsein und Vorstellung, Ostfildern 2008 (Vorträge und Forschungen, Sonderband 51).

Schich, Winfried: Würzburg im Mittelalter. Studien zum Verhältnis von Topographie und Sozialstruktur, Köln/Wien 1977 (Städteforschung A 3).

Seberich, Franz: Die alte Mainbrücke zu Würzburg, Würzburg 1958 (Mainfränkische Hefte 31).

Seberich, Franz: Die Einwohnerzahl Würzburgs in alter und neuer Zeit, in: Mainfränkisches Jahrbuch 12 (1960), S. 49–68.

Spindler, Max/Kraus, Andreas (Hrsg.): Handbuch der bayerischen Geschichte, Band II, 1: Geschichte Frankens bis zum Ausgang des 18. Jahrhunderts, München ^{3}1997.

Stimmig, Manfred (Bearb.): Mainzer Urkundenbuch, Band 1: Die Urkunden bis zum Tod Erzbischof Adalberts I. (1137), Darmstadt 1932.

Wagner, Ulrich (Hrsg.): Geschichte der Stadt Würzburg, Band 1: Von den Anfängen bis zum Ausbruch des Bauernkriegs, Stuttgart 2001.

Wagner, Ulrich/Ziegler, Walter (Hrsg.): Lorenz Fries. Chronik der Bischöfe von Würzburg 742–1495, 6 Bände, Würzburg 1992–2004 (Fontes Herbipolenses. Editionen und Studien aus dem Stadtarchiv Würzburg 1–6).

Wendehorst, Alfred: Das Bistum Würzburg, Teil 1: Die Bischofsreihe bis 1254, Berlin 1962 (Germania Sacra N.F. 1).

Röntgenring
Kranenkai
Juliuspromenade
Dominikanergasse
Kaiserstr.
Theater
Marien-
platz
Oberer
Markt
Unterer
Markt
Kürschnerhof
Mainkai
Domstr.
Augustinerstr.
Neubaustr.
1
2
3
4
5
6
8
10
11
12
13
14
15
16
17
18
19
20
21

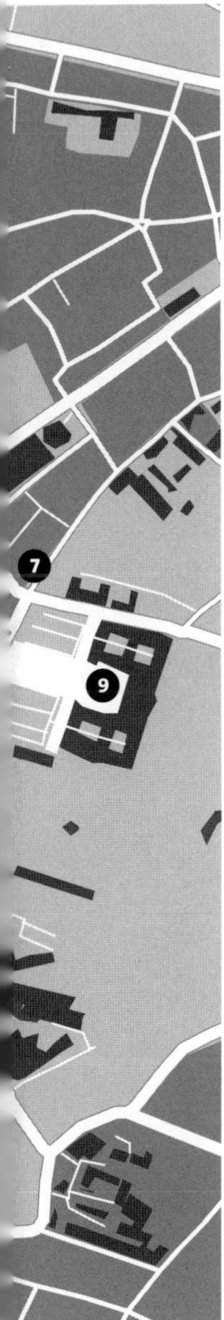

Übersichtskarte Würzburg

1 Rathaus Grafeneckart, im 12. Jh. Sitz des Vicecomes
2 Handwerkersiedlung „Pleich“, entstanden im 12. Jh., heute noch an der kleinräumigen Bebauung erkennbar
3 St. Gertraud, Pfarrkirche für das Handwerkerviertel, 1133 durch Enzelin, den Baumeister der Mainbrücke gespendet
4 Gressenhof, ehem. Ministerialenhof mit romanischem Portal, heute Weinhaus Stachel, Gressengasse 1
5 Ehem. jüdischer Friedhof im Hof des Juliusspitals
6 Bronnbacher Hof, ehem. zistersiensischer Stadthof, mit Resten einer romanischen Portalanlage
7 Älteste Mauer aus dem 12. Jh., genannt „Bischofshut“ wegen der fünfeckigen Form, heute nur noch im Straßenverlauf erkennbar
8 Curia St. Gallum, ehem. Domherrenhof
9 Fürstbischöfliche Residenz mit Tiepolo-Fresken im Kaisersaal zur Hochzeit Barbarossas und zur Herzogserhebung 1168
10 Stift Neumünster mit Kiliansgruft und Johanneskrypta. Romanischer Kreuzgang mit Grab Walters von der Vogelweide
11 Romanischer Kiliansdom mit Krypta, im 12. Jh. weitgehend vollendet
12 Geistlicher Bezirk, südlich und östlich des Doms, Ort der großen Domherrenhöfe, an der großflächigen Bebauung im Stadtbild gut erkennbar
13 Ehem. Benediktinerkloster St. Stephan mit romanischer Krypta, im 12. Jh. ausgebaut
14 Vorstand Sand, Handwerkerviertel, Ende 12. Jh. in die erweiterte Stadtmauer einbezogen
15 Marmelsteiner Hof, ehem. Domherrenhof, heute Diözesanmuseum
16 Schustergasse, Sitz der ältesten Handwerkergilde
17 St. Burkhard, mit romanischem Kirchenschiff, im 12. Jh. ausgebaut
18 Festung Marienberg, ab Ende des 12. Jh. zur bischöflichen Residenz und Fluchtburg ausgebaut
19 Ehemalige Königspfalz, heute Deutschhauskirche
20 Schottenkloster St. Jakob, gegründet 1138
21 Alte Mainbrücke, älteste Steinbrücke, begonnen um 1120

Bildnachweis

akg-images: Titel und 141, 149
Bayerisches Landesamt für Denkmalpflege: 38 (L1020409)
Bildarchiv Foto Marburg: 50
Bilderfest GmbH: 95
Diözesanarchiv Würzburg: 77
Jüdisches Museum Shalom Europa: 69
Klaus Leidorf: 109, 116 o.
Rainer Leng: 21, 22, 26, 28, 99, 116 u.
Rudolf Hild: 93 o.
Shutterstock: 11
Staatlicher Hofkeller, Prof. Leistner: 81
Staatsarchiv Würzburg: 135, 147
Stadtarchiv Würzburg: 23, 43, 48, 61, 65
Universitätsbibliothek Würzburg: 29, 53
Volk Verlag: 25 (nach Ulrich Wagner: Stadtgeschichte Würzburg, Band 1, S. 191); 35 (nach http://wuerzburgwiki.de/w/images/8/8c/Lageskizze-Domherrnh%C3%B6fe.jpg); 39 (nach Ulrich Wagner: Stadtgeschichte Würzburg, Band 1, S. 251)
Alle anderen Wikipedia; 20 (Carport); 13 (Christian Horvat)